Este *journal* pertence a:

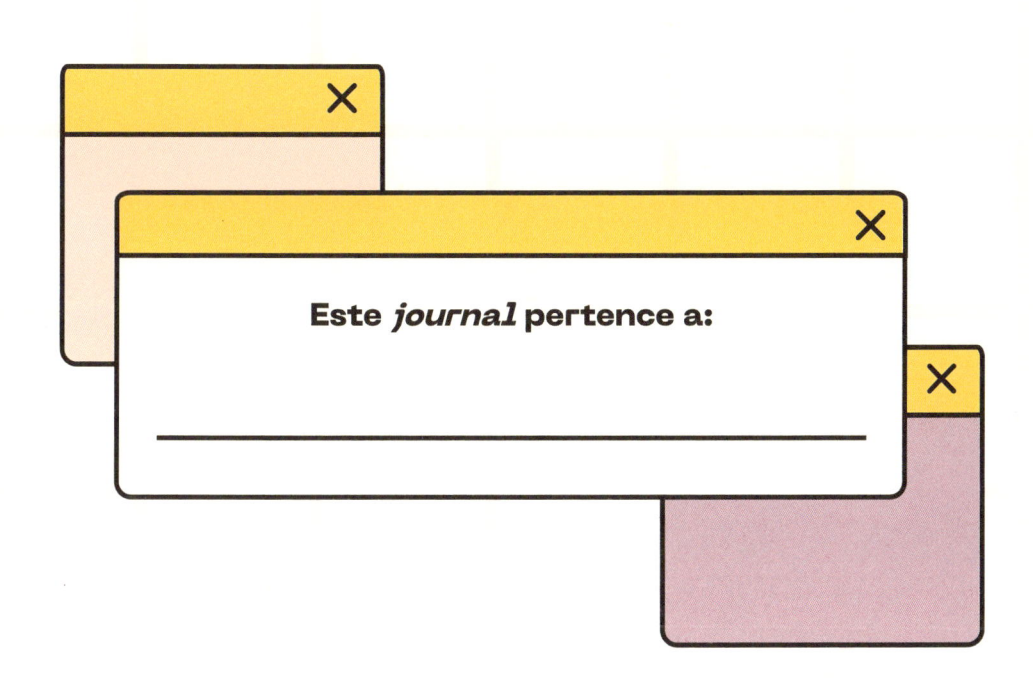

_____

Be Real

Chat

Be Real

Send — uma jornada de influência e posicionamento

quatro ventos

Editora Quatro Ventos
Avenida Pirajussara, 5171
(11) 99232-4832

Diretor executivo: Raphael T. L. Koga
Editora-chefe: Marcella Passos
Gestora de Projetos: Acsa Q. Gomes

Supervisão Editorial:
Giovana Mattoso
Hanna Pedroza
Natália Ramos Martim

Equipe Editorial:
Ana Paula Cardim
Anna Padilha
Carolyne Larrúbia D. Lomba
Josiane Anjos
Milena Castro
Nadyne Campinas
Rebeca Rocha

Revisão: Eliane V. Barreto

Equipe de Projetos:
Ana Souza
Melissa F. Aquile
Tamires C. de Assis
Witalo Silva

Coordenação do projeto gráfico:
Ariela Lira
Suzy Mendes
Diagramação: Rebeca R. C. Gobor
Capa: Vinícius Lira

Todos os direitos deste livro são reservados pela Editora Quatro Ventos.

Proibida a reprodução por quaisquer meios, salvo em breves citações, com indicação da fonte.

Todas as citações bíblicas e de terceiros foram adaptadas segundo o Acordo Ortográfico da Língua Portuguesa, assinado em 1990, em vigor desde janeiro de 2009.

Todo o conteúdo aqui publicado é de inteira responsabilidade das autoras.

Todas as citações bíblicas foram extraídas da Nova Almeida Atualizada, salvo indicação em contrário.

Citações extraídas do site *https://bibliaonline.com.br/naa*. Acesso em maio de 2023.

1ª Edição: agosto 2023
1ª Reimpressão: setembro 2023

Catalogação na publicação
Elaborada por Bibliotecária Janaina Ramos – CRB-8/9166

V393b

Jordão, Anna Beatriz

Be Real: uma jornada de posicionamento e influência / Anna Beatriz Jordão, Mylena Mariano, Stefany Vaz. – São Paulo: Quatro Ventos, 2023.

208 p., il.; 16 X 23 cm

ISBN 978-65-89806-67-7

1. Vida cristã. I. Jordão, Anna Beatriz. II. Mariano, Mylena. III. Vaz, Stefany. IV. Título.

CDD 248.4

Índice para catálogo sistemático
I. Vida cristã

SUMÁRIO_

Introdução		**13**
1.	**Quem Deus diz que eu sou**	**17**
2.	**Posicionadas de acordo com a Palavra**	**43**
3.	**Arrependimento**	**65**
4.	**Indo contra a cultura**	**87**
5.	**Ser como Jesus é**	**111**
6.	**Influência e relevância**	**133**
7.	**Seguidores e discípulos**	**153**
8.	**Chamadas para fora**	**175**
Referências bibliográficas		**201**

AS AUTORAS_

Bia Jordão

A arte é uma parte significativa da vida de Anna Beatriz, que esteve envolvida com atuação, dança e música desde criança. Depois do seu encontro com Jesus, tudo o que fazia ganhou um sentido ainda mais profundo, e ela descobriu o grande poder que existia nas artes: transformar vidas para a glória do Senhor. Bia, apelido pelo qual é conhecida, frequenta o Igreja Cristo Salva MTC e, no ano de 2022, sentiu o anseio de se comunicar com intencionalidade por meio da música. Hoje, aos 19 anos, entende que se posicionar nessa área contribui para a expansão do Reino de Deus. Seu estilo de vida influencia jovens meninas a conhecerem mais de Jesus — e esse é o seu verdadeiro tesouro.

Mylena Mariano

O desejo de tornar conhecido o nome do seu melhor amigo, Jesus, foi o que incentivou Mylena a começar a publicar vídeos na internet em 2015. Desde então, ela tem produzido diversos conteúdos que apontam para o amor de Deus. Seja falando ou cantando, o seu objetivo é impulsionar outros jovens a fazerem a diferença em suas escolas e famílias. Atualmente, aos 18 anos, frequenta a Paz Church e tem muita sede de ver a sua geração engajada na Palavra, influenciando todas as esferas da sociedade por meio do Espírito Santo.

Stefany Vaz

Atriz e *influencer*, Stefany começou a trabalhar com a internet entre 2018 e 2019. Hoje, aos 19 anos, faz parte da Zion Church e usa as redes sociais para compartilhar a sua caminhada com Deus e a sua rotina em missões. A jovem alcança milhares de pessoas, todos os dias, por meio das suas publicações, e é uma grande incentivadora da expansão do Reino nos meios digitais. Ela entende que, independentemente da quantidade de seguidores, as redes sociais são mais uma ferramenta incrível para alcançar pessoas e incentivá-las a ter um encontro com Jesus.

COMO USAR SEU *JOURNAL*

Neste *journal*, você será instigada a iniciar uma jornada de influência e posicionamento conforme os valores do Reino de Deus. A seguir, apresentaremos algumas dicas que poderão ajudá-la a aproveitar ao máximo este material, cravando cada tema em seu coração.

1. Prepare-se

Antes de tudo, separe um tempo diário para a leitura. Reúna todas as suas canetas coloridas e prepare a sua bebida favorita, seja um café fresco, um chá bem quente ou um refrigerante gelado, você escolhe! Organize o ambiente para que seja possível interagir de forma completa e profunda com todo o conteúdo disposto nestas páginas.

Este *journal* é uma ferramenta que você poderá utilizar para se aprofundar em intimidade com o Senhor. Sinta-se livre para se expressar, despejar seus pensamentos e documentar os seus processos.

2. Ore

Peça ao Espírito Santo que examine o seu coração e que conduza a leitura de cada capítulo. Esteja sensível à presença de Deus para que, enquanto você lê, Ele Se revele, fascinando-a com a Sua beleza e glória.

Se os temas destrinchados pelas autoras gerarem um incômodo ou confronto no seu interior, provavelmente o Espírito a estará convocando para a ação! Então peça a Ele que traga à luz o motivo da sua inquietação e esteja atenta ao que o Pai deseja lhe falar.

3. Escreva e rabisque

Não tenha medo de riscar este livro! Todos os capítulos apresentam citações dinâmicas, perguntas e espaços para anotações. Esses artifícios tornarão o seu *journal* único e personalizado, e, ao documentar sua experiência, você poderá observar o seu nível de compreensão a respeito do conteúdo.

Ao fim de cada capítulo, você deverá responder a algumas perguntas sobre os assuntos abordados, para estabelecer uma reflexão mais efetiva e profunda. Use a criatividade e registre aquilo que Deus está lhe falando!

4. Compartilhe

Por último, aqui está um ponto-chave: todos os tesouros contidos neste livro não podem parar em você, mas devem transbordar e alcançar a sua geração.

Não deixe de falar sobre os assuntos que serão apresentados nos capítulos aqui contidos. Aborde os temas nas suas redes sociais e com quem faz parte do seu dia a dia; deixe que os valores do Reino invadam a sua vida por completo. Se você mergulhar na Palavra de Deus, as pessoas ao seu redor enxergarão as características de Cristo no seu modo de viver e, por meio do Espírito Santo, serão movidas a adotar um posicionamento contracultural e bíblico.

Prepare-se para a jornada que está prestes a começar!
Boa leitura!

INTRODUÇÃO_

Você nunca será jovem demais para pregar o Evangelho — não importa o quanto tenha escutado o oposto. Não somos nós que garantimos isso, é o próprio Jesus que nos ensina no decorrer de toda a Palavra! E tem mais: não fomos comissionadas para falarmos apenas dentro de nossas igrejas, muito pelo contrário! Ele nos chamou para irmos por todo o mundo e levarmos o Evangelho a toda criatura (cf. Marcos 16.15).

Para cada tempo, no entanto, existe uma maneira diferente de compartilhar a mensagem da Cruz e expandir o Reino de Deus. Nós não só podemos, mas **devemos** utilizar tudo aquilo que temos para cumprir tal ordenança, sem negligenciar as novas ferramentas que estão à nossa disposição. Na época da Igreja Primitiva, por exemplo, os seguidores de Cristo faziam tudo o que podiam e caminhavam quilômetros e quilômetros para levar as Boas Novas àqueles que encontravam pelo trajeto. No mundo globalizado, essa distância foi encurtada, e o alcance dos discípulos contemporâneos foi potencializado pelos recursos tecnológicos.

Um post. Uma foto. Uma dança. O conteúdo mais inesperado pode se tornar viral em questão de segundos e transformar um desconhecido em uma celebridade. Seguidores, curtidas, compartilhamentos... Vale participar de qualquer trend para alcançar o item que, supostamente, tem o maior valor deste tempo: **influência**. Como parte da geração que mais se relaciona com o mundo virtual, você já deve ter notado que todo esse poder é levado para fora das telas, ditando padrões que são refletidos em nossas roupas, atitudes, conversas, opiniões... (in)definindo identidades. Como, então, permanecer fiel a quem somos? Como viver uma vida sem filtros e... ser real?

> **VOCÊ NUNCA SERÁ JOVEM DEMAIS PARA PREGAR O EVANGELHO.**

Na era dos *influencers*, a carência de bons exemplos firmados na Palavra da Verdade, dentro e fora das redes, pode nos levar, sutilmente, para longe dos caminhos que o Senhor sonhou para nós. Muitos conteúdos consumidos, ainda que pareçam inofensivos, simplesmente não fazem sentido com o que cremos, e até são contrários aos valores cristãos, sendo nocivos à saúde física, psicológica e espiritual.

Nós entendemos que a verdadeira influência é aquela construída de forma sustentável e eterna, que aponta para Jesus, leva à salvação e discipula pessoas. E ela vai muito — muito mesmo — além das redes sociais. É diante disso que nos deparamos com alguns questionamentos. Como podemos impactar a nossa geração de forma positiva? Como incentivar adolescentes e jovens cristãos a assumirem posicionamentos com propósito? Como habilitá-los a carregarem a influência necessária para serem representantes do Reino por onde passam?

A Bíblia revela que os seguidores de Cristo devem ocupar todos os espaços na sociedade, e que a natureza aguarda ansiosa a manifestação dos filhos de Deus (cf. Romanos 8.19). Imagine esse cenário de despertamento dos filhos e filhas desta geração. Quantos diálogos interessantes promoveriam?! De quantas maneiras criativas e inovadoras eles iriam nutrir a cultura do Reino e provocar uma revolução nas mentes e nos corações de jovens e adolescentes?! Imagine, ainda, essa grande reação em cadeia promovendo o resgate daqueles que, vivendo no piloto automático, estão sendo apenas depósito de informações aleatórias, e trazendo-os enfim para uma posição de agentes de transformação! Uau! Não há filosofia vã ou discurso ilusório que possa enganar quem está fielmente conectado ao coração do Aba!

Nós realmente cremos que isso pode se tornar realidade se você, como jovem cristã, reconhecer e ocupar o seu lugar. O seu posicionamento como filha de Deus, sendo a imagem e semelhança d'Ele, é capaz de influenciar e alcançar outras pessoas, levando-as a recalcularem a rota e não seguirem o fluxo, indo contra a cultura deste mundo. Mais do que acompanhar o lançamento de um livro novo, um filme da época ou um clipe do nosso cantor favorito, há uma urgência sobre a forma como vamos reagir às mentiras que têm sido estabelecidas como verdade pelos que dominam os lugares de influência no cenário cultural de hoje. Seja nos *stories* que publica, nas rodas de conversa, com as suas atitudes no dia a dia ou com as palavras que saem da sua boca, o que você **é** marcará esta geração.

> **NÃO HÁ FILOSOFIA VÃ OU DISCURSO ILUSÓRIO QUE POSSA ENGANAR QUEM ESTÁ FIELMENTE CONECTADO AO CORAÇÃO DO ABA!**

Foi para ajudá-la nesse processo que *Be Real: uma jornada de influência e posicionamento* foi escrito. Com este livro, que pode ser utilizado como *journal* ou diário, você terá acesso a textos biblicamente embasados, que irão guiá-la em sua rotina com diversos temas da cosmovisão cristã. Ajustando o seu foco ao lado de Cristo, será mais fácil discernir se aquilo que vive e compartilha reflete o Evangelho. Para isso, saiba que você não estará sozinha nesta jornada! Nós, Bia Jordão, Mylena Mariano e Stefany Vaz, compartilharemos testemunhos a respeito de cada tema levantado ao longo dos capítulos, para inspirá-la e impulsioná-la a agir de acordo com o que a Palavra nos revela.

VAMOS JUNTAS INSPIRAR PESSOAS?

Stefany Vaz

01

QUEM DEUS DIZ QUE EU SOU

Você provavelmente não consegue se lembrar da primeira vez em que se enxergou como um indivíduo. Nenhum de nós consegue. A verdade é que, ainda na infância, quando as conexões iniciais com a realidade surgem, começa a formação da nossa identidade. Comportamentos, hábitos e até a forma de olhar a vida costumam ser um reflexo do ambiente em que crescemos. Não é de se estranhar que o Inimigo invista tanto na missão de atacar as famílias, adoecendo relacionamentos, certo? Seu alvo principal é alterar o entendimento de quem nós somos e do nosso lugar no mundo.

Se nossos primeiros anos de vida foram rodeados de muitas brigas, por exemplo, é natural que o conflito e a violência sejam considerados normais para nós. Isso influencia o modo como reconhecemos ou expressamos sentimentos e como nos relacionamos com pessoas queridas; o ambiente em que crescemos pode, até mesmo, convencer-nos de que somos um problema.

Talvez você tenha nascido em uma família desajustada ou tenha sido ferida física e emocionalmente. Seu coração pode ter sido regado por palavras de desprezo, com pessoas lhe dizendo que não sabe fazer nada, que não é útil ou capaz e que o seu desempenho define o seu valor. Quem sabe, tenha ouvido, inclusive, que sua vida é fruto de um acidente? É possível que essas afirmações mentirosas permaneçam ecoando dentro da sua alma, marcando o seu relacionamento com Deus. Mas, antes de seguirmos, preciso compartilhar uma verdade libertadora: independentemente do lugar de onde você veio, **o Senhor a criou para ser filha!** Ele, o nosso Pai perfeito, tem pensamentos bons e de paz sobre nós (cf. Jeremias 29.11). Precisamos focar somente nas Suas palavras!

CAPÍTULO 01

A nossa conversa aqui tem o objetivo de desvendar e quebrar todas as mentiras ditas pelo Inimigo. E, mesmo que você não tenha sofrido nada disso, a sua verdadeira identidade só será definida se estiver baseada naquilo que Cristo diz. A partir do momento em que somos alcançadas e aceitamos o convite de viver com Ele, passamos por um novo nascimento. Depois disso, novas referências nos preenchem, e Jesus passa a ser o nosso maior exemplo.

É como se ganhássemos um novo RG! O antigo é rasgado em pequenos pedaços e um completamente diferente é dado em nossas mãos. Se dermos um zoom nesse novo registro, perceberemos que nele está escrito **filha** em letras vermelhas, com cor de sangue. Sua nacionalidade revelará que você não é mais deste mundo, mas pertence ao Reino dos Céus.

Em nossa imaginação, podemos ver um simples pedaço de papel, mas seu verdadeiro significado em nós é grandioso, pois nos resgata de um jugo de escravidão, transformando-nos e nos tornando livres para declarar:

> *Vejam que grande amor o Pai nos tem concedido, a ponto de sermos chamados filhos de Deus; e, de fato, somos filhos de Deus. Por essa razão, o mundo não nos conhece, porque não o conheceu.*
> (1 João 3.1)

Todas nós fomos formadas pelas mãos do Senhor (cf. Colossenses 1.16) e, por isso, somos criação d'Ele. Mas a filiação é dada a partir de outro fundamento. Em João 1.10-13, Efésios 1.4-6 e Gálatas 3.26, você pode encontrar um pouco sobre esse assunto. Leia as passagens citadas e escreva aqui o que a torna verdadeiramente uma filha de Deus. ▶

>
> _____
>
> _____
>
> _____
>
> _____
>
> _____
>
> _____
>
> _____

Na carta de Paulo aos gálatas, ele disse:

> *[...] Porque vocês são filhos, Deus enviou o Espírito de seu Filho ao nosso coração, e esse Espírito clama: "Aba, Pai!". Assim, você já não é mais escravo, porém filho; e, sendo filho, também é herdeiro por Deus.* (Gálatas 4.6-7)

Ao aceitarmos a filiação, o Espírito Santo nos testifica a nossa nova condição e, como resposta, temos o privilégio de andar de acordo com o que Ele diz sobre nós.

Experimente fechar os seus olhos e se imaginar com o mais belo vestido do mundo, joias preciosas de ouro, uma linda coroa na cabeça e sandálias limpas. É assim que Deus a enxerga; essa é a sua identidade e a posição que você ocupa! Somos herdeiras de um Reino eterno, filhas do Rei, portanto devemos nos comportar desta forma: ouvindo o Pai e entendendo a Sua Palavra como verdadeira, sem temer o futuro.

CAPÍTULO 01

Por outro lado, se não agimos assim e depositamos a nossa identidade na falta, seja no âmbito material, emocional ou ministerial, damos lugar à insegurança, ao medo e às dúvidas. Vagamos órfãs, sem rumo, sem pai, sem pátria, sem propósito e sem família. Mas essa não é a verdade de Deus sobre nós. Quando entendemos que fomos adotadas, nossa mentalidade é transformada e nosso coração é rendido diante do Senhor, a Sua Palavra passa a definir o que nós somos (cf. Jeremias 29.11; Salmos 139.17).

Os filhos amados não têm medo de se aproximarem da casa do Pai ou de entrarem em qualquer cômodo, porque O conhecem e sabem exatamente qual é o som dos Seus passos e o tom da Sua voz. Diferentemente do espírito órfão, que é movido por carência, o filho sabe como chegar ao Pai e pedir aquilo que deseja. Você precisa de permissão para abrir a geladeira de onde mora, por exemplo, e pegar o que necessita? Imagino que não. Em casa, nós nos sentimos confortáveis, sabemos que estamos no lugar ao qual pertencemos e temos liberdade. Da mesma forma é com o nosso Pai Celestial. A verdadeira identidade floresce nesse ambiente de conforto e filiação, e é por meio da clareza desse princípio que a jornada se torna mais leve e todo aspecto de orfandade é arrancado dos nossos corações.

Examine-se e registre aqui se ainda existe algum traço de orfandade no seu coração. Use este espaço para escrever qual é a área (emocional, material, familiar, profissional...) em que você enxerga alguma falta na sua vida. Entregue cada pedacinho do seu interior ao seu Pai e veja o que Ele pode fazer.

> _____
> _____
> _____
> _____
> _____
> _____
> _____

O Senhor é bom e supre todas as nossas necessidades, pois Ele sabe exatamente do que precisamos, e até mesmo o tempo adequado para providenciar cada um dos nossos desejos. Por esse motivo, não temeremos, mas descansaremos em Suas palavras (cf. Salmos 23.1-3). O pensamento de uma filha de Deus precisa ser assim! Não podemos valorizar mais o que alguém pensa ou diz sobre nós e nosso futuro — seja algo bom ou ruim — do que aquilo que o Senhor já estabeleceu. O que exala do Seu trono não é apenas um compilado de palavras bonitas, mas uma revelação clara de propósito encontrada somente n'Ele. Lembre-se: foi Deus quem nos criou e adotou. O Pai é o autor da vida, e não há como cumprirmos propósito algum longe d'Ele.

A revelação de quem somos na história desse autor gera algo eterno em nós e, consequentemente, atinge cada detalhe daquilo que nos cerca — todas as coisas são transformadas. Tudo o que o Criador fala sobre a criatura é reflexo de quem Ele é! E não somente isso, as palavras do Senhor também nos diferenciam umas das outras; afinal, a cada uma de nós foi declarado algo específico e particular. Perceba que, mesmo sendo filhas do mesmo Pai, fomos moldadas por Ele como seres individuais e com características únicas.

AUTOCONHECIMENTO

Pense comigo: como vou saber quem sou se não conheço Aquele que me formou? Quanto mais conhecemos os atributos de quem nos gerou, mais descobrimos aquilo que há em nós. Isso, porque somos filhas que "puxaram" o Pai. Parece loucura, não é? Diferentemente do que ouvimos na sociedade, não é olhando apenas para dentro de nós, mas mergulhando n'Ele, que constatamos quem somos: Sua imagem e semelhança (cf. Gênesis 1.26-27). Cada característica que temos foi pensada pelo Senhor, e exatamente por isso Ele é a melhor pessoa para nos ajudar a aceitar e conhecer as nossas particularidades. O verdadeiro autoconhecimento não está pautado na compreensão daquilo que fazemos bem, mas no entendimento de que tudo em nós deve ser rendido ao Criador. Assim, as nossas habilidades, características, temperamento, personalidade ou vivências não podem nos definir; antes, devem apontar para Aquele que nos criou, glorificando o Seu nome.

> **TUDO O QUE O CRIADOR FALA SOBRE A CRIATURA É REFLEXO DE QUEM ELE É!**

Ser X fazer

Quando eu estava no período de treinamento prático do meu Discipleship Training School (DTS)[1], houve uma manhã em que, após o meu devocional, fiz um café e fui até a janela. Enquanto apreciava o frio e a vista, uma de minhas amigas chegou e percebeu que eu segurava

---

[1] O Discipleship Training School (DTS) é uma escola de treinamento e discipulado da JOCUM, realizada na Dunamis Farm.

a xícara pelo lado oposto ao da alça. O café não estava muito quente, então não machucava minha mão. Ao ver a cena, ela perguntou: "Por que você segura a xícara assim?", então respondi prontamente: "Porque, quando era criança, lembro-me de ver o meu pai fazendo dessa forma. Então acho que se tornou algo involuntário".

Cresci acreditando que aquele era o jeito mais legal de segurar uma xícara, e o momento foi um tanto engraçado. Assim que expliquei, meus olhos se encheram de lágrimas. Aquele era um assunto sobre o qual Deus já estava falando comigo ao longo daquela semana — e, provavelmente, durante o ano inteiro. Ele me trouxe à memória João 5.19, que diz que o Filho só pode fazer aquilo que vê o Pai fazer, e o motivo é claro: "Porque o Pai ama o Filho e lhe mostra tudo o que faz; e maiores obras do que estas lhe mostrará, para que vocês fiquem maravilhados" (v. 20). Nesse versículo, notei que Deus tem coisas extraordinárias para nos revelar, e Ele **quer** compartilhar comigo e com você, Suas filhas. Fiquei refletindo sobre isso por vários dias. A história da xícara, de fato, havia me marcado. Naquela mesma época, eu estava passando por um processo no qual precisava entender que era herdeira de Deus e que isso não dependia do que eu poderia fazer para Ele. Foi uma estação curiosa, porque eu já estava acostumada a realizar algumas coisas de modo específico. Minha forma de expressar adoração, por exemplo, sempre foi entregando louvores para o Senhor, mas passei a ser impulsionada a tentar novas maneiras.

No meu lugar secreto, Ele pedia para que eu desenhasse, escrevesse, e às vezes só ficasse quieta. Comecei a descobrir que aquilo que eu fazia não tinha nada a ver com quem eu era para o Senhor. A minha performance não me definia. A grande revelação que recebi nesse tempo foi: tudo o que fizesse com o meu Pai se tornaria algo novo e divertido, porque não era sobre **fazer**, mas, sim, sobre **ser** filha d'Ele. Algo havia mudado no modo como eu me enxergava. Eu não era amada por Deus por aquilo que poderia Lhe oferecer com as minhas mãos, porque nada que eu realizasse O faria me aceitar ou me rejeitar! O Senhor escolheu

CAPÍTULO 01

me amar, mesmo sabendo de todos os meus defeitos, e o mais sensacional é que Ele me entregou aquele RG atualizado — na verdade, o entregou para todas nós.

Em outra ocasião, na Dunamis Farm, pouco tempo antes de ir para a etapa prática do DTS, também me lembro de que minha equipe e eu estávamos em um tempo de comunhão para alinhamento e direcionamento. Então a líder do time nos fez algumas perguntas e nos orientou a desenhar as nossas respostas. Quando ela questionou como havia sido a semana de todos, minha ilustração foi a de uma cabeça explodindo, com muitas informações.

Nessa mesma dinâmica, outra pergunta que recebemos foi: "O que Deus está falando com você?", e eu desenhei uma camisa rosa com a palavra "identidade" na parte de baixo, porque o Senhor estava alterando até mesmo o meu modo de me vestir. Isso pode parecer simples para algumas pessoas, e até óbvio, mas eu sentia que toda a mudança que acontecia dentro de mim precisava ser externalizada. Era o início de uma nova fase, a estreia de uma temporada inédita.

Assim que saímos da atividade, fui falar com a minha líder e, durante a conversa, caiu uma gota de água no meu papel, exatamente no desenho da camisa. Tudo virou um grande borrão rosa, e eu observei aquela mancha por um tempo. Dentro de mim, o Espírito reafirmava que a forma como eu me via estava sendo transformada. Sempre ouvimos falar que, quando Jesus chega, tudo muda. Pode parecer muito abstrato, mas acredite, é verdade! Ele torna **tudo** novo!

> *E, assim, se alguém está em Cristo, é nova criatura; as coisas antigas já passaram; eis que se fizeram novas. Ora, tudo isso provém de Deus, que nos reconciliou consigo mesmo por meio de Cristo e nos deu o ministério da reconciliação, a saber, que Deus estava em Cristo reconciliando consigo o mundo, não levando em conta os pecados dos seres humanos e nos confiando a palavra da reconciliação. Portanto, somos embaixadores em nome de Cristo, como se Deus exortasse por meio de nós. Em nome*

de Cristo, pois, pedimos que vocês se reconciliem com Deus.
(2 Coríntios 5.17-20)

Personalidade e temperamento

Não sei se este também é o seu caso, mas eu cresci na igreja e achava que isso era suficiente. Ia para os cultos, conversava com Deus de vez em quando, lia a Bíblia para conhecer as histórias, e era isso. Fazer todas essas coisas me trazia a falsa sensação de pertencer a Ele e ser Sua filha. Eu sabia que o Senhor era meu Pai e que Jesus havia Se sacrificado por mim, mas só durante a minha adolescência fui entender que precisava experimentar, com profundidade, a realidade de quem eu era n'Ele. Tornava-se necessário ir além da vida cristã superficial, sabe?

Foi então que percebi que existiam alguns buracos no conhecimento que eu tinha sobre mim mesma, e a partir do momento em que expus tudo ao Pai, Ele iluminou a minha alma. Parece bobo, mas conhecer os seus pontos fortes e fracos, saber as coisas de que gosta, perceber os seus medos e listar os seus sonhos a ajudam a conhecer sua real identidade.

Vamos lá: cada uma de nós reage de formas diferentes quando expostas às mesmas situações, e isso está relacionado às nossas vivências, à nossa personalidade, ao nosso temperamento, à maneira como recebemos e entregamos amor. É importante sabermos o motivo de reagirmos como reagimos quando, por exemplo, ouvimos algo que nos fere. Por que tal situação poderia nos machucar tanto?

No campo da psicologia, existem algumas ferramentas para ajudá-la a entender os seus traços de personalidade. Uma delas é o Myers-Briggs Type Indicator (MBTI), que classifica a tipologia da sua personalidade de acordo com seus gostos pessoais e com suas respostas naturais a uma série de situações. De forma resumida, as pessoas se enquadram em quatro campos gerais: analistas, diplomatas, sentinelas e exploradores. Dentro de cada um desses grupos, existem outras variações que vão depender de alguns fatores: se você é mais introvertida ou extrovertida, se é intuitiva ou observadora etc.

CAPÍTULO 01

Imagine comigo se Nelson Mandela[2] e Homem-Aranha fossem presos por uma gangue e estivessem em uma situação de grande perigo, a reação de um seria completamente diferente da atitude do outro. Mandela, provavelmente, ponderaria e seria mais diplomático, já Peter Parker agiria de forma mais reativa para salvar todas as pessoas com rapidez. Conseguiu visualizar? Isso ocorreria pelo fato de terem traços de personalidade diferentes.

Agora, trazendo para a nossa realidade, as circunstâncias nos afetam de formas diversas, e isso não é necessariamente ruim. Depois de nos dar um novo RG e uma nova cidadania do Reino dos Céus, Deus pode pegar as nossas características únicas e transformá-las de acordo com a cultura do Seu Reino, aproveitando cada personalidade para a Sua missão. Tudo é para a Sua glória!

Ficou curiosa para saber qual a sua personalidade? Acesse o QR Code e faça o teste. Sinta-se à vontade para compartilhar com as suas amigas e conversarem juntas sobre isso!

Além do MBTI, outra ferramenta bastante conhecida é o teste de temperamentos. As quatro divisões do temperamento humano são: colérico, sanguíneo, fleumático e melancólico. Os sanguíneos e coléricos têm uma relação maior de extroversão do que os fleumáticos e melancólicos, que são introvertidos. Aqui, a classificação está mais

---

[2] Nelson Mandela, primeiro presidente negro da África do Sul, foi líder do movimento que lutava contra o Apartheid. Além disso, recebeu o Prêmio Nobel da Paz em 1993 devido à sua resistência ao regime de segregação racial.

ligada aos seus comportamentos e às suas reações primárias diante de situações cotidianas; é comum que um ou dois desses diferentes tipos se sobressaiam.

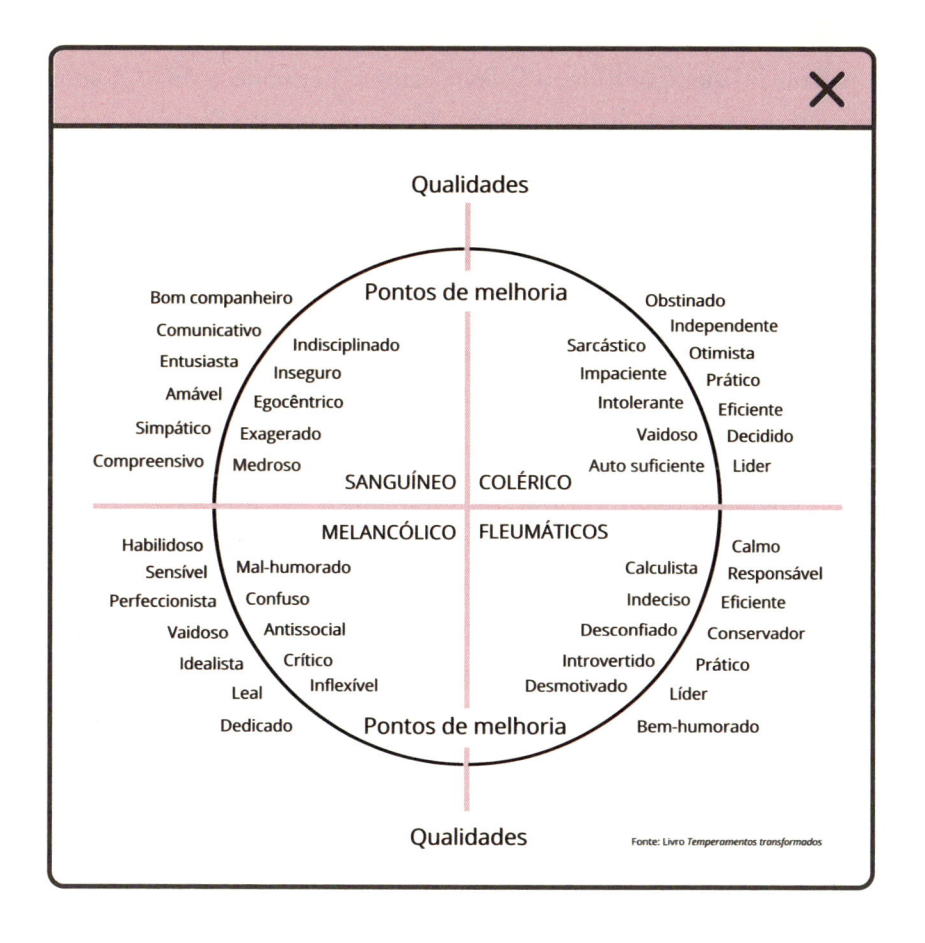

> Você sabe qual é o seu temperamento dominante? Acesse o QR Code e faça o teste. Depois, circule o resultado no gráfico a seguir.

Qualidades

Pontos de melhoria

SANGUÍNEO | COLÉRICO
- Bom companheiro
- Comunicativo
- Entusiasta
- Amável
- Simpático
- Compreensivo
- Indisciplinado
- Inseguro
- Egocêntrico
- Exagerado
- Medroso

- Obstinado
- Independente
- Sarcástico
- Otimista
- Impaciente
- Prático
- Intolerante
- Eficiente
- Vaidoso
- Decidido
- Auto suficiente
- Líder

MELANCÓLICO | FLEUMÁTICOS
- Habilidoso
- Sensível
- Perfeccionista
- Vaidoso
- Idealista
- Leal
- Dedicado
- Mal-humorado
- Confuso
- Antissocial
- Crítico
- Inflexível

- Calmo
- Responsável
- Calculista
- Indeciso
- Eficiente
- Desconfiado
- Conservador
- Introvertido
- Prático
- Desmotivado
- Líder
- Bem-humorado

Pontos de melhoria

Qualidades

Fonte: Livro *Temperamentos transformados*

CAPÍTULO 01

Mesmo sabendo qual é a sua personalidade e o seu temperamento, é importante se lembrar de uma coisa: aprender sobre esses aspectos não pode gerar o pensamento de "eu sou assim, nasci assim e vou morrer assim" nem criar uma justificativa para erros e pecados. O objetivo é clarear o entendimento de quem você é em Deus e do que ainda precisa submeter a Ele. Dominar nossos pontos fortes nos ajuda a servir intencionalmente aos que estão ao nosso redor, como bons mordomos do que o Senhor nos entregou. Do mesmo modo, conhecer nossas dificuldades nos impulsiona a melhorar e pedir ajuda aos irmãos do Corpo de Cristo.

O autoconhecimento é fundamental para lidarmos com a nossa alma, mas devemos sempre lembrar que a Palavra é a única verdade absoluta que dita quem realmente somos. Afinal, nós mudamos ao longo da vida; conforme amadurecemos, podemos alterar comportamentos e personalidade. Contudo, a Palavra sempre permanece. Ela faz com que a insegurança dê lugar à certeza. Somente a voz do Senhor é capaz de nos sustentar quando tudo o que sabemos revela-se como incerto.

O PESO DA COMPARAÇÃO

Certa vez, eu estava com um grupo de pessoas, e uma delas me disse: "Nossa, você canta o tempo todo, né?". Lembro que aquela frase ficou no meu coração por dias; cheguei a pensar: "Minha voz não é boa!", "Não devo mais cantar!", e comecei a me comparar. A forma como falaram não foi o principal problema, mas a minha recepção daquelas palavras foi. Quando contei para o Espírito Santo o que havia acontecido e o que estava ocupando a minha mente, Ele me falou: "E por que isso a afetou tanto? Você não precisa que as pessoas aprovem sua voz para cantar para mim".

Foi como se eu tivesse levado uma pancada na cabeça. Ao me exortar em amor, Deus me levou a uma memória de quando eu era criança e ia a alguns programas de televisão. Para me preparar, ensaiava em uma companhia de artes por meses e sempre ouvia o mesmo tipo de instrução: "Você tem de fazer assim; do contrário, poderá ser esquecida". Eu sei que os professores tinham as melhores intenções, mas isso acabou me marcando de forma negativa. Quando ia até esses lugares, esperava ser elogiada e lembrada pelas pessoas, então, no momento em que fizeram o comentário sobre cantar constantemente, fui transportada até minha infância novamente, esperando ser ouvida e ter a aprovação de alguém.

Depois dessa situação, também me lembrei de uma aula em que fui ministrada pela Pastora Zoe Lilly, na qual ela falou sobre traumas, ofensas e feridas do passado. Em minha mente, soava repetidamente a mesma questão: "Quem está reagindo agora é a Stefany de dezenove ou a de sete anos?". Percebi que quem se sentiu ferida foi a Stefany criança e entendi que não posso trazer a carga dela para o presente quando Jesus já redimiu todas as coisas (cf. Colossenses 1.20). Por isso, é importante conhecermos a nós mesmas e buscarmos a motivação de sentir o que sentimos, reconhecendo os lugares de onde a ofensa, a orfandade e a comparação podem vir.

> **O AUTOCONHECIMENTO É FUNDAMENTAL PARA LIDARMOS COM A NOSSA ALMA, MAS DEVEMOS SEMPRE LEMBRAR QUE A PALAVRA É A ÚNICA VERDADE ABSOLUTA QUE DITA QUEM REALMENTE SOMOS.**

Uma coisa que deve ser evidente para nós é o fato de que a comparação ainda é comparação quando pensamos que somos melhores do que alguém — ela não está ligada apenas ao sentimento de inferioridade. É verdade que, muitas vezes, esse comportamento pode se esconder atrás de um pensamento como "olha como ela é melhor do que eu", mas também pode se revelar em uma atitude de arrogância se acreditamos que somos as únicas capazes de fazer algo bom. E, bem... eu já estive nos dois extremos.

Cresci em uma família japonesa que carrega uma cultura muito forte de excelência. Isso sempre me incentivou ser a melhor em tudo

CAPÍTULO 01

o que eu fazia, indo um pouco além do que me era proposto. Por isso, vejo que fui afirmada até demais pelos meus familiares, o que causou certa soberba em mim. Como você pode imaginar, tive de tratar esse aspecto com o Senhor.

No ano de 2022, quando fui fazer o DTS na Dunamis Farm, a fase teórica trouxe toda essa questão à tona. Lá, temos um período chamado *work duty*, no qual trabalhamos em alguma área da fazenda. Aquela foi a etapa em que Deus mais me tratou. Eu servia na cozinha e não sabia fazer absolutamente nada do que me pediam! Tive de aprender tudo do zero. Além disso, era um lugar onde ninguém estava me vendo, então fui lidando com os meus processos de comparação. Só Deus e eu. Lembro-me do quanto era difícil ter de pedir ajuda às pessoas, admitindo que eu não sabia fazer algo.

Eu era a responsável pela fornada de pães do café da manhã e, até então, estava fazendo tudo certo. Em um dia específico, no entanto, queimei uma fornada inteira porque não tinha percebido que o forno estava mais aquecido do que o normal. Quando isso aconteceu, eu me senti muito mal e tive de procurar ajuda. Não sabia o que fazer: a hora do café começaria em breve, e metade dos pães havia sido totalmente perdida. O choro estava entalado na minha garganta, mas senti a presença de Deus naquele momento. As coisas se resolveram somente quando me rendi e pedi ajuda ao Senhor. Eu tornei aquela situação um *big deal* [3] só porque não queria admitir que não sabia o que estava fazendo. Para mim, era inconcebível não ter experiência em tudo e não ser vista! Aos poucos, o Senhor foi moldando o meu caráter; Ele falava comigo todos os dias. Enquanto eu lavava os garfos, chorando, Deus estava tratando o meu coração, e eu podia sentir isso no meu físico, de maneira palpável.

---

[3] *Big deal* significa "grande coisa", em português.

Existe alguma área em que você precisa ser vulnerável para amadurecer? Liste neste espaço coisas que não sabe como fazer ou como lidar. Pense naquilo em que precisa de ajuda. Eu sei que é muito difícil admitir que não sabe de algo, mas seja sincera e derrame seu coração. Não tenha medo de buscar auxílio!

CAPÍTULO 01

Em Romanos 12.16, Paulo diz:

Tenham o mesmo modo de pensar de uns para com os outros. Em vez de serem orgulhosos, sejam solidários com os humildes. Não sejam sábios aos seus próprios olhos.

Toda comparação vem de uma raiz de orgulho. Se pensamos que somos superiores ou inferiores, estamos deixando nossa presunção falar mais alto do que a Palavra. No momento em que eu entendo que sou filha de Deus, comparar-me não faz sentido, porque "[...] se alguém está em Cristo, é nova criatura; as coisas antigas já passaram; eis que se fizeram novas" (2 Coríntios 5.17). Precisamos nos lembrar de que Deus está fazendo coisas novas dentro de nós diariamente; sempre temos algo para descobrir com Ele. "A glória de Deus é encobrir as coisas, mas a glória dos reis é investigá-las" (Provérbios 25.2).

PEQUENOS PASSOS A LEVAM A GRANDES CAMINHADAS

Quando Deus começou a revelar os processos pelos quais eu ainda precisava passar em relação à identidade, eu me surpreendi, porque eram muitas áreas e eu acreditava que nunca conseguiria tratar todas elas. Se você está se sentindo assim agora, saiba que é normal! É uma longa jornada, não pare! **Eu pensava que teria de lidar com tudo sozinha, mas parte desse processo era descobrir que o Senhor estaria ao meu lado em cada passo.** Da mesma forma, Ele lhe revelará aquilo que precisa ser transformado e conduzirá você durante essa mudança.

Não é necessário dar passos ou saltos gigantescos; tudo começa nos pequenos feitos. Sempre que permitimos que o caráter de Cristo nos molde, seguindo as correções do Senhor, um espaço a mais é percorrido na caminhada em busca da nossa identidade. Esse é um processo que não acontece do dia para a noite, leva tempo. Então não se frustre se na primeira tentativa as coisas não mudarem, levante-se e ande (cf. Salmos 37.23-24)! Quando perceber, não será mais uma jornada pesada, mas totalmente leve (cf. Mateus 11.28-30).

Um versículo que tem me encontrado de forma bem pessoal ultimamente é 2 Coríntios 3.18:

> *E todos nós, com o rosto descoberto, contemplando a glória do Senhor, somos transformados, de glória em glória, na sua própria imagem, como pelo Senhor, que é o Espírito.*

A expressão "de glória em glória" reforça a necessidade de um processo. Até chegar ao estágio que deseja, você precisará passar por todos os outros.

Sendo assim, o passo prático e mais efetivo para conhecer sua identidade é: conheça a Deus — somente isso manterá o seu coração constante! Em Mateus 16.13, Jesus pergunta aos discípulos quem as pessoas dizem que Ele é, ao que Simão responde: "[...] O senhor é o Cristo, o Filho do Deus vivo" (v. 16). Após expor tal revelação, Pedro tem a sua própria identidade revelada pelo Senhor:

> *Então Jesus lhe afirmou: — Bem-aventurado é você, Simão Barjonas, porque não foi carne e sangue que revelaram isso a você, mas meu Pai, que está nos céus. Também eu lhe digo que você é Pedro, e sobre esta pedra edificarei a minha igreja, e as portas do inferno não prevalecerão contra ela.* (vs. 17-18)

Quando nós nos aproximamos de Deus, Ele nos revela as coisas eternas, e quanto mais íntimo é esse relacionamento com o Pai, o Filho e o Espírito Santo, mais somos envolvidas. O processo é semelhante a uma dança na qual somos conduzidas às descobertas elementares: quem nós somos e qual é o nosso lugar no mundo.

CAPÍTULO 01

Preencha as colunas abaixo com seis verdades de Deus a seu respeito! Pesquise em sua Bíblia, pergunte ao Espírito Santo e registre neste espaço aquilo que Ele diz que você é.

VERDADES DE DEUS	REFERÊNCIA BÍBLICA

ORAÇÃO

Senhor, obrigada por me convidar para ser parte da Sua família e por derramar o Seu amor, que me abraça, envolve e traz conforto! Obrigada por me dizer quem eu sou e me dar o privilégio de conhecê-lO cada dia mais e mais, não pelo que faço, mas por quem o Senhor é. Que o meu interior tenha o anseio por buscar a Sua face e conhecer o Seu coração, e que eu saiba exatamente como Lhe agradar e como me posicionar.

Que toda comparação vá embora, seja em qual sentido for, e que todo espírito de inferioridade seja transformado em pertencimento, como uma inundação do Seu amor atingindo o meu coração. Mostre-me como o Senhor me vê! Troque as minhas lentes e alinhe toda visão distorcida sobre mim mesma.

Obrigada por ser um Deus que me adota como filha.

Em nome de Jesus, amém!

INDEPENDENTE-MENTE DO LUGAR DE ONDE VOCÊ VEIO, O SENHOR A CRIOU PARA SER FILHA!

Mylena Mariano

02

POSICIONADAS DE ACORDO COM A PALAVRA

POSICIONADAS DE ACORDO COM A PALAVRA

Fraca e inconstante — foi assim que eu me senti em alguns momentos da minha caminhada cristã. Acredito que você também já tenha experimentado um estado de desânimo ou cansaço, daqueles que demandam um esforço gigantesco até mesmo para abrir a Bíblia e meditar nela. Estou certa?

Confesso que, para não esfriar o meu relacionamento com o Pai, já travei várias lutas contra a procrastinação, a preguiça e a falta de vontade de buscar a Deus. Durante essa jornada, aprendi que **eu preciso me posicionar de acordo com a Palavra**, mesmo quando parece impossível vencer os impulsos da carne e permanecer diariamente na presença do Senhor.

Enquanto estivermos nesta Terra, teremos de resistir e renunciar a nós mesmas, até que chegue o dia em que estaremos face a face com o Pai (cf. 1 Coríntios 13.12-13). Mas, apesar de conhecermos de cor as palavras de Jesus a respeito da perseverança, a nossa inconstância nas questões cruciais para seguir a Cristo — como ler as Escrituras, jejuar e orar — pode ser bastante assustadora.

Existem diversos obstáculos que, de alguma forma, acabam contribuindo para que o nosso foco seja perdido e a falta de perseverança no nosso relacionamento com o Senhor se torne uma realidade. Um deles, inclusive, é a má gestão do nosso tempo. Enquanto enchemos as nossas agendas com tarefas extracurriculares, atividades da escola ou faculdade, demandas do trabalho, comunhão com os amigos, almoços familiares, e até mesmo serviços na igreja, nós nos esquecemos do maior privilégio que já nos foi concedido: desfrutar da presença de Deus e nos relacionar com Ele. Sempre que abrimos mão de mergulhar no Senhor, as demais tarefas deixam de ser realizadas com excelência.

CAPÍTULO 02

Outro fator que muitas vezes é capaz de nos tirar do eixo é a ausência de prioridades. Quando consideramos urgente tudo aquilo que fazemos no nosso dia a dia, sentimos como se um desespero passasse a habitar dentro de nós, não é mesmo?! Mas, em algumas situações, precisamos enxergar que as tarefas que estamos colocando no topo da nossa lista de afazeres podem não ser tão importante quanto pensamos.

Por exemplo, você já abriu o Instagram ou o TikTok no meio do dia, despretensiosamente, e acabou "presa" nesses aplicativos por horas? Pois é! Acho que todas nós já passamos por isso. A questão é que precisamos aprender a colocar cada coisa em seu devido lugar, e investir o nosso tempo naquilo que será duradouro, ou seja, priorizar o nosso relacionamento com o Pai, porque, no fim das contas, se não houver busca pelo fogo de Deus, não haverá coração aquecido pela Presença. E o resultado disso, inevitavelmente, é um estado de frieza generalizado, que nos leva para longe dos padrões de Cristo.

CONSTRUINDO UM LUGAR DE INTIMIDADE

Visualize o seguinte exemplo comigo: você fala constantemente com seus amigos no WhatsApp, responde aos *stories* deles, sai para um café, vai ao cinema e conversa com eles sobre sua vida, certo? Isso acontece simplesmente porque vocês são amigos. E para que uma amizade aconteça, a troca e a correspondência são essenciais dentro do relacionamento.

É interessante pensar que todos os dias quando acordamos, existe uma mensagem de Deus já disponível para nós; sabemos que o acesso a ela é livre por causa de Jesus, e que o Espírito Santo está sempre presente para nos ajudar a compreendê-la. Agora, o aprofundamento e a intimidade dessa relação de amizade vão depender da nossa resposta ao Senhor e do quanto desejamos conhecê-lO.

A todo momento, precisamos ter em mente que Deus nunca nos ignora; pelo contrário, Ele sempre tem interesse em nós! Pode ser que não recebamos a resposta que gostaríamos ou esperávamos, mas o Senhor constantemente irá compartilhar conosco o que está em Seu coração. Então é importante entendermos que o que faz diferença em nossas vidas não é apenas um encontro pontual com o Pai, mas, sim, possuir um relacionamento constante com Ele. Para que isso seja possível, é crucial reorganizarmos as nossas prioridades, pois uma relação consistente e íntima é construída a partir de uma conexão contínua de corações, e não de conversas esporádicas.

Quando temos o nosso primeiro encontro com Jesus, somos intensamente cativadas em amor. Porém, para que essa paixão cresça e amadureça em nós, precisamos persistir em buscá-lO, porque somente dessa maneira poderemos ser transformadas dia após dia. Os discípulos são um ótimo exemplo de pessoas que tiveram um encontro com Jesus e nunca mais foram as mesmas. Importante pontuar que antes de saírem pelo mundo todo pregando o evangelho, Jesus primeiro diz para eles O seguirem (cf. Mateus 4.18-22). Esse **seguir** seria o fator crucial para a mudança de toda a história deles! O seguir exigiria deles relacionamento — um relacionamento que, no final das contas, os faria enxergar quem eram n'Ele. Foi o sentar à mesa que os deixou mais apaixonados pelo Senhor. Foi o repousar com o Mestre, nas viagens cotidianas, que os fez enxergar como um Deus tão grande se fez tão pequeno, simplesmente por amor à humanidade. Esses doze homens eram pessoas comuns, com suas dificuldades e seus sonhos, não muito diferentes de nós, sabe? Foi nesse ambiente relacional que eles cresceram em intimidade, a ponto de um deles repousar a sua cabeça no peito de Jesus (cf. João 13.23).

CAPÍTULO 02

Descreva nestas linhas alguma situação em que se sentiu comum demais ou, até mesmo, inadequada e insuficiente para Deus. Não se preocupe com julgamentos! Somente você e o Pai terão acesso a isso. Então seja totalmente sincera!

POSICIONADAS DE ACORDO COM A PALAVRA

A intimidade e a confiança nas palavras do Senhor são a base para fluirmos na vida que Deus Pai sonha para nós. Por isso, devemos colocar tijolinho por tijolinho, diariamente, na construção desse lugar íntimo e seguro, sem deixar que os ruídos entrem pelas frestas, pois somente quando nos posicionarmos, provaremos da vida *zoe*[1] — a abundância encontrada em Deus e mencionada por Jesus em João 10.10.

DIRECIONADAS PELO ESPÍRITO SANTO

Lembro-me da primeira vez em que consegui discernir a voz do Espírito Santo; eu tinha onze anos de idade e havia entendido que Deus queria me ensinar algo profundo. A palavra que recebi simplesmente me incentivou a começar a ler a Bíblia, não com o meu próprio olhar, mas com a visão do Alto, percebendo que o Espírito é quem me ensinaria a respeito de todas as coisas (cf. João 14.26).

Antes daquele tempo, eu lia a Palavra com uma perspectiva bastante religiosa e legalista; sentia medo de Deus e não O enxergava como Pai ou como alguém que queria o meu bem. Depois de reconhecer a voz do Senhor — que foi muito suave e doce —, entrei em um processo de envolvimento profundo com a Palavra, e a minha ótica sobre ela foi completamente renovada.

> **A INTIMIDADE E A CONFIANÇA NAS PALAVRAS DO SENHOR SÃO A BASE PARA FLUIRMOS NA VIDA QUE DEUS PAI SONHA PARA NÓS.**

Também em minha pré-adolescência, várias dificuldades surgiram, e precisei refletir sobre a melhor maneira de lidar com cada uma delas. Tive de pensar em como deveria me comportar com os meus pais, sem rebeldia; como ser uma pessoa boa para mim e para os meus amigos; como não manter as minhas coisas desorganizadas; como ser uma aluna excelente na escola etc. Sei que essas questões parecem pequenas, mas,

---

[1] *Zoe* vem do grego e significa "plenitude da vida", em português.

CAPÍTULO 02

naquele tempo, eram muito importantes, e foram fundamentais para a construção do meu caráter.

Para conseguir ter um norte nesse processo, eu fiz uma listinha de pontos que precisavam de melhoria e, além de colocá-los em ordem no papel, determinei um tempo específico para agir intencionalmente sobre cada um deles. Obviamente, não consegui superar todos os itens sozinha. Somente depois que me joguei na Palavra de direcionamento que recebi de Jesus e apresentei a Ele cada uma daquelas questões, pude ser moldada naturalmente em todas elas. Com essa experiência, ainda muito nova, comecei a entender que, quando nos posicionamos confiantes naquilo que a Bíblia nos instrui, o Senhor é fiel para nos aperfeiçoar segundo a Sua Palavra.

Conforme os anos passam, novos desafios nos são apresentados. Hoje, quais são as áreas em que a Palavra de Deus mais tem confrontado você e exigido um posicionamento diferente? Utilize este espaço para desenhar ou escrever sobre elas.

POSICIONADAS DE ACORDO COM A PALAVRA

CORAGEM PARA AGIR

Vamos recapitular o que vimos até aqui: você prioriza Deus em sua vida, decide conhecer o Senhor cada vez mais, em intimidade, e é direcionada por Ele. Depois disso, como num efeito dominó, encontra revelação nas Escrituras; mas não para por aí. Conhecer as Letras não é suficiente, já que só estamos verdadeiramente posicionadas na Palavra quando agimos de acordo com ela. Para isso, no entanto, é preciso coragem!

> **O SENHOR É FIEL PARA NOS APERFEIÇOAR SEGUNDO A SUA PALAVRA.**

Um grande modelo de valentia pode ser encontrado na história da menina que servia à mulher de Naamã, o comandante do exército do rei da Síria. O nome da jovem israelita sequer é citado na narrativa, mas mesmo em um cenário desfavorável, em que vivia como escrava em uma terra distante da sua, servindo na casa do grande herói de guerra de um povo inimigo, ela não perdeu a fé no Deus de Israel. Vendo a dor de Naamã, que sofria de lepra, a menina teve a ousadia de dizer à sua senhora que, se ele se apresentasse diante do profeta, certamente seria curado de sua doença (cf. v. 3). Que coragem, não?! Como resultado do posicionamento de uma provável pré-adolescente, o homem procurou Eliseu, seguiu suas orientações, recebeu a cura, e nome do Senhor foi glorificado!

Quando somos direcionadas pela voz do Pai e O respondemos prontamente, passamos a ter confiança em quem Ele é e segurança de que os Seus propósitos são perfeitos para nós. Por isso, em todo tempo, devemos nos lembrar de que a vontade de Deus é sempre boa, agradável e perfeita (cf. Romanos 12.2), mesmo que não esteja de acordo com a nossa lógica e perspectiva. Lembre-se: assim como aquela menina não ocupava a posição em que estava em vão, o lugar onde você se encontra não é um acaso. Há uma influência que, desempenhada com respaldo na Palavra, só pode ser exercida por você em meio à sua família, aos seus amigos e em cada ambiente que frequenta.

CAPÍTULO 02

Do mesmo modo que a serva de Naamã e tantos outros homense mulheres da Bíblia, você já precisou de coragem para responder a um direcionamento de Deus? O que tentou impedi-la de seguir a Palavra d'Ele? Registre no quadro abaixo qual foi o direcionamento, como você se sentiu e o que a Palavra diz sobre isso.

O QUE DEUS DISSE	O QUE EU PENSEI/ SENTI	O QUE A PALAVRA DIZ SOBRE ISSO

DISCIPLINAS ESPIRITUAIS

A prática de disciplinas espirituais deve ser desenvolvida como um ato de amor e adoração, e não como uma moeda de troca ou uma tentativa de demonstrar o nosso valor. Por isso, agora, gostaria de apresentar a você algumas das ações que podem nos auxiliar no desenvolvimento da nossa devoção a Deus: leitura bíblica, jejum, oração (com entendimento e em línguas), *soaking* e *journaling*. Vamos destrinchar cada uma delas juntas?

Leitura bíblica

O momento de mergulhar em cada linha das Escrituras, como toda e qualquer leitura, exige tempo, concentração e dedicação. Não é algo que podemos fazer sem compromisso, com sono ou preguiça. Sabe aqueles últimos segundos antes de dormir? Ou uma oportunidade rápida durante o almoço? É exatamente isso que devemos evitar. Claro que você pode ler trechos bíblicos a qualquer momento do dia, mas, neste caso, estou falando sobre um tempo específico, separado para a meditação na Palavra de Deus.

Essa é uma ótima hora para convidar o Espírito Santo para ensiná-la a respeito daquilo que está escrito, então é importante que você ore antes da leitura. Pense no privilégio de termos o autor de toda a Bíblia ao nosso lado enquanto a lemos. Ao contrário de nós, que só podemos imaginar cada acontecimento, Ele estava lá em todas as histórias, acompanhando cada parte do processo de grandes homens e mulheres. Então acredite: com o Senhor lhe dando entendimento, as palavras saltarão das páginas, e cada letra ganhará vida em seu coração.

Às vezes, por termos a Bíblia sempre em mãos, e até mesmo no celular, nós nos esquecemos da imensa importância que ela tem. Foi Deus quem idealizou esse livro sobrenatural e, desde sempre, soube a relevância que ele teria para nós hoje, como ponto de referência da Sua verdade e da Sua vontade. Ela deve ser o nosso parâmetro para tudo.

CAPÍTULO 02

> *Toda a Escritura é inspirada por Deus e útil para o ensino, para a repreensão, para a correção, para a educação na justiça, a fim de que o servo de Deus seja perfeito e perfeitamente habilitado para toda boa obra.* (2 Timóteo 3.16-17)

Não sei você, mas eu fico fascinada e me sinto extremamente honrada pela oportunidade e liberdade que tenho de ler algo que foi inspirado por Deus!

Jejum

O jejum é um momento separado para renunciar a algo que é muito precioso para você, em prol de maior profundidade com o Pai durante determinado tempo. Ao longo dos anos, vários cristãos trataram o jejum como uma barganha com Deus, como se quisessem se gabar perante todos e dissessem: "Ei, Senhor, eu só estou fazendo isso porque quero que Você faça tal coisa por mim, hein?! Permanecerei no jejum até que tudo aconteça". Mas isso não é o certo, afinal nunca poderíamos "comprar" nada do Pai; Ele nos oferece gratuitamente.

Quando estamos em um período de jejum, nós nos colocamos em uma posição de humildade diante do Senhor, lançando fora a nossa justiça própria. Buscamos matar a nossa carne e viver mais atentos ao Espírito Santo, para que a Sua voz seja percebida com maior clareza. É importante dizer, também, que essa disciplina espiritual precisa ser acompanhada das outras que estamos vendo neste capítulo. Na verdade, nenhuma delas deve ser feita sozinha, todas são complementares e insubstituíveis. Não adianta simplesmente abster-se de comer algo, por exemplo, sem buscar o Pai por meio da leitura bíblica e oração.

Oração

A oração é como uma conversa entre você e Deus. A Bíblia nos ensina que devemos orar tanto em secreto (cf. Mateus 6.6) quanto com os nossos irmãos na fé (cf. Mateus 18.19). Jesus também nos instruiu a orarmos em Seu nome, ou seja, pedir e dizer as coisas conforme a Sua vontade. De acordo com a Palavra, se assim o fizermos, tudo o que pedirmos nos será dado (cf. João 14.13-14). Como é bom saber que Deus nos escuta, e se importa tanto conosco a ponto de nos responder! Tudo isso pode parecer muito fantástico, afinal como escutaríamos a voz de Alguém que não conseguimos ver?

Ao analisar um pouco as Escrituras, percebemos que, durante os acontecimentos do Antigo Testamento, na maioria das vezes, o Senhor falava com o Seu povo por meio dos profetas. Já no Novo Testamento, Ele passou a falar mediante o Seu Filho (cf. Hebreus 1.1-2). Jesus é a encarnação daquilo que o Pai queria dizer aos judeus (cf. João 5.19), ou seja, o Salvador é o representante da vontade e da verdade de Deus, e toda a Bíblia aponta para Ele. Claramente, isso nos dá uma certeza: o Senhor fala diretamente aos nossos corações por meio de Jesus, que é o Verbo vivo encontrado na Bíblia.

Assim que entendemos isso, fica mais fácil discernir a voz do Pai entre tantas outras. Deus pode Se comunicar fazendo uso de sonhos, ideias, pensamentos, conselhos e outras formas. No entanto, sempre — e sempre mesmo — teremos uma resposta vinda d'Ele baseada nas Escrituras; ou seja, todos os meios pelos quais podemos ouvi-lO devem passar pela Palavra também, como um filtro do que é verdadeiro. Haverá casos em que o Senhor não nos responderá instantaneamente, mas assim que o fizer — seja por qual meio for —, conseguiremos reconhecê-lO, pois nos basearemos na Bíblia.

Oração com entendimento

Esse tipo de oração não é fundamentado naquilo que se vê no mundo material, e, sim, em tudo o que é possível perceber no meio espiritual, enquanto discernimos o certo e o errado, o verdadeiro e o falso. Quando aplicamos essa disciplina espiritual em nossas vidas, damos mais um passo em direção ao nosso relacionamento íntimo com Deus.

CAPÍTULO 02

Tente se recordar de algum dia, por exemplo, no qual você percebeu que havia um clima ruim em sua casa, quando tudo parecia irritá-la e aparentemente nada dava certo. Aos nossos olhos, situações como essa podem significar apenas um dia ruim. Contudo, com o discernimento do Espírito Santo, conseguimos distinguir se estamos diante de um ataque do Inimigo ou não. A partir dessa compreensão, podemos perceber a realidade espiritual que envolve o nosso cotidiano e, então, orar com entendimento, além de declarar palavras de vida sobre a nossa casa e família. Algo assim só é possível porque, hoje, temos a mente de Cristo (cf. 1 Coríntios 2.16) — o que significa que, do mesmo modo que Jesus fazia, somos capazes de discernir as situações.

Oração em línguas

Já a oração em línguas é um dom do Espírito Santo (cf. 1 Coríntios 12.10), sendo o único voltado para a edificação pessoal. Aquele que fala em línguas verbaliza mistérios que dependem do mover espiritual, os quais apenas seres celestiais — e as pessoas com o dom da interpretação — conseguem compreender.

Esse tipo de oração nos incentiva a aquietar a nossa alma e deixar que o Espírito nos conduza nas palavras, além de nos exigir uma profunda entrega na presença do Senhor, pois não cabe a nós entender aquilo que está sendo dito, somente a Ele. Assim como os outros dons, esse pode ser desejado por nós. Na carta aos coríntios, o apóstolo Paulo nos incentiva a buscar os melhores dons (cf. 1 Coríntios 12.31), e reafirma que podemos nos achegar a Deus para pedi-los. O Espírito Santo habita em você e a acompanha o tempo inteiro, portanto não hesite em Lhe pedir tudo o que a Palavra nos garante!

Soaking

Traduzida do inglês, a palavra "*soaking*" significa "imersão". Assim, esse é um momento no qual mergulhamos na presença de

POSICIONADAS DE ACORDO COM A PALAVRA

Deus, desfrutando de cada instante em que estamos completamente submersas n'Ele. Para isso, devemos nos concentrar, eliminar todas as coisas que nos distraem e colocar os nossos olhos somente no Pai.

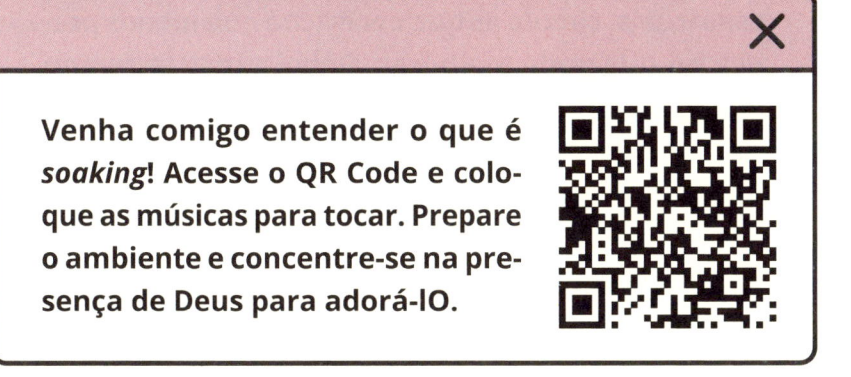

> **Venha comigo entender o que é *soaking*! Acesse o QR Code e coloque as músicas para tocar. Prepare o ambiente e concentre-se na presença de Deus para adorá-lO.**

Journaling

Por último, temos o *journaling*. Derivado da palavra "*journal*" — que significa "diário" em inglês —, nada mais é do que documentar, por escrito, seu cotidiano e sua jornada (como o que você está fazendo no *Be Real*). Com essa prática, você registra no papel, ou em qualquer lugar que utiliza para fazer suas anotações, o que Deus está gerando no seu coração nos momentos em que estão juntos. Fazer isso é muito precioso! Até hoje, eu tenho anotações de *journals* que fiz aos meus onze anos, e elas são como lenha para mim, pois servem para me mostrar que o Deus que falava e Se revelava em secreto naquele tempo é o mesmo que está comigo atualmente. Registrar o que temos escutado e visto no Senhor traz esperança aos nossos corações nos dias difíceis!

CAPÍTULO 02

> Agora que já entendemos cada uma das disciplinas espirituais, circule as que você acha que menos pratica ou que pode melhorar. Depois, invista tempo nelas durante uma semana e documente o que sentir ao longo desse processo.
>
> **LEITURA BÍBLICA**
>
> **JEJUM**
>
> **ORAÇÃO**

MERGULHE NA VERDADE

Como já contei aqui, durante a minha caminhada, deixei, diversas vezes, que ruídos atravessassem as paredes da construção do meu lugar de intimidade com o Pai e atrapalhassem a minha relação com Ele. Sentia-me como quem vai ao mar e chega até a beira: ao passo que os meus pés tocavam a água, eu tinha certeza de que existiam lugares mais profundos a serem descobertos.

Então não se engane! O Inimigo das nossas almas deseja nos convencer de que devemos parar de buscar o Senhor com maior intensidade. É por esse motivo que, muitas vezes, sentimos que o nosso relacionamento com Deus está superficial demais. Quando eu percebia que me encontrava nessas situações de inconstância, logo corria para Espírito Santo e Ele me redirecionava ao Pai. Claramente havia um clamor dentro de mim que não me deixava permanecer conformada com o lugar raso no qual eu me encontrava, pois um selo estava impresso em meu coração e me garantia que as águas profundas do Senhor sempre trariam segurança para a minha alma. Por isso, a minha oração é que esse clamor invada você também!

> **O INIMIGO DAS NOSSAS ALMAS DESEJA NOS CONVENCER DE QUE DEVEMOS PARAR DE BUSCAR O SENHOR COM MAIOR INTENSIDADE.**

Apesar de muitas pessoas dizerem, mesmo em tom de brincadeira, que Deus tem seus filhos favoritos, a realidade é que isso não existe. Sempre entendi que o Pai Celestial não tem seus preferidos, mas tem aqueles que são mais próximos d'Ele. Eu mergulhei tão fundo em tudo o que o Senhor me disse, que tive o privilégio de provar da Sua bondade dentro da minha casa e da minha escola. Hoje, Ele também chama você para estar mais perto e desfrutar do Seu favor e da Sua bondade!

Por mais contraditório que pareça, a chave para vivermos dessa maneira está na riqueza de perder algo: a nossa própria vontade. A hora de avançar é agora, então não perca tempo! Convide o Espírito Santo para ajudar você, e confesse todas as suas dificuldades, fraquezas e limitações. Seja sincera com Ele e abra o jogo! Nesse processo, não fique surpresa se o seu coração começar a ansiar por coisas que não eram importantes para você antes, pois uma nova jornada se inicia e é necessária uma nova posição. Trilhe esse caminho certa de que Deus Pai é o seu companheiro mais fiel, e que Ele está interessado em Se apresentar a você em secreto, todos os dias, por meio da Sua Palavra. Posicione-se!

ORAÇÃO

Jesus, muito obrigada por tanto! Obrigada pelo acesso que tenho à Sua presença, e ainda mais, obrigada por eu ter a honra de ser o lugar de habitação do Espírito Santo. Diante de um privilégio tão grande, eu peço que a Sua Palavra seja como uma espada afiada, atravessando todas as partes do meu ser e me convencendo acerca da Sua vida em mim.

Amigo Espírito Santo, desejo que me ensine a ler a Bíblia com o Seu olhar e com a Sua perspectiva acerca de tudo o que está escrito. Eis-me aqui para desfrutar da Eternidade, a partir de agora, por meio do relacionamento com o Senhor. Amado, eu peço que aumente a chama que há em mim, ajude-me a me posicionar na Sua verdade e a perseverar, ainda que os tempos sejam difíceis. Eu O quero e anseio mergulhar na Sua Palavra cada vez mais.

Em nome de Jesus, amém!

ENQUANTO ESTIVERMOS NESTA TERRA, TEREMOS DE RESISTIR E RENUNCIAR A NÓS MESMAS, ATÉ QUE CHEGUE O DIA EM QUE ESTAREMOS FACE A FACE COM O PAI.

Stefany Vaz

03

**ARREPEN‑
DIMENTO**

ARREPENDIMENTO

É um erro acreditar que a nossa caminhada cristã chega à plenitude quando aceitamos Jesus como nosso único e suficiente salvador, reconhecendo a Sua vida, morte e ressureição. Na realidade, por causa da Sua infinita bondade, ao dizermos "sim" para o Senhor, começamos a ser moldadas de acordo com o Seu caráter, ou seja, inicia-se o processo de **santificação**.

Para ficar mais claro, nós podemos pensar nessa mudança como a **escolha** de andar como Jesus — de acordo com Seus ensinamentos — todos os dias (cf. 1 João 2.6). A santificação nos traz pureza, e a Bíblia revela que Deus anseia que sejamos puras e santas (cf. Mateus 5.8). O termo "santidade" vem do grego, *hagiasmos,* que constitui "consagração", "separação". Em outras palavras, é o ato de nos separarmos para Deus, reconhecendo que somos d'Ele e vivemos para Ele. Logo, o que verdadeiramente importa é a vontade do Senhor, e não a nossa.

O primeiro passo para buscarmos a santidade é o **arrependimento**. Quando chegamos a esse entendimento, mudamos nossos pensamentos radicalmente. Nossa mente não é apenas reeducada, mas completamente reestruturada, experimentando uma **metanoia**[1]. Todas as coisas se transformam depois de um arrependimento sincero, até mesmo a maneira como oramos. O que antes poderia ser simplesmente um texto decorado em forma de oração (cf. Mateus 6.7), hoje, é feito com espontaneidade pelos filhos que, verdadeiramente, entregaram seus corações ao Pai. Ou seja, o processo de santificação é iniciado após a decisão de arrepender-se. Ambos andam juntos, são como um combo!

---

[1] Metanoia significa uma transformação essencial de pensamento ou de caráter.

CAPÍTULO 03

Talvez você já tenha escutado algumas pessoas falarem a respeito de santidade, usando passagens bíblicas que nos instruem acerca do que podemos ou não fazer, de como devemos nos portar, no que realmente precisamos pensar, e muitas outras coisas que envolvem o nosso "eu". Sim, os exemplos que encontramos na Palavra são a verdade, e tudo aquilo que a Bíblia diz que é pecado, de fato, é pecado! Mas é importante entendermos que uma pessoa que carrega santidade dentro de si é muito mais que alguém que meramente não faz "coisas erradas".

> **Você já sabia a diferença entre santidade e santificação? Como ter esses dois conceitos bem definidos pode ajudá-la no seu dia a dia? Cite duas mudanças que deseja realizar em sua vida após o entendimento do que é santificação.**
>
> _____
> _____
> _____
> _____
> _____
> _____
> _____

ARREPENDIMENTO

Conhecer a Palavra e praticar seus direcionamentos nos ajuda a criar uma "barreira protetora" que nos afasta do pecado — refreando as nossas inclinações para ele — e nos mostra a melhor maneira de lidar com as situações. Conseguimos perceber isso quando vemos que a Bíblia não nos ensina sobre arrependimento apenas; ela também diz para odiarmos o pecado e corrermos para bem longe de tudo o que é perverso e profano (cf. Provérbios 8.13; Romanos 12.9; 1 Tessalonicenses 5.22). Além disso, a Palavra nos orienta a vigiar para não cair em tentação (cf. Mateus 26.41); isso significa que não podemos esperar o pecado para, só então, fugir dele.

Pense comigo… se você estivesse diante de um precipício, tentaria se equilibrar na beirada, sabendo do grande risco de despencar do alto? Ou procuraria permanecer segura, longe do perigo? Imagino que, assim como eu, você escolheria a segurança. Agora, vamos usar a mesma lógica para refletir sobre o pecado: por que nos aproximaríamos do que é capaz de nos levar à morte eterna se podemos permanecer em um lugar seguro, próximas do Senhor? Sei que nem sempre é fácil identificar os nossos precipícios, já que, às vezes, eles não parecem ser nocivos para nós. Por isso, precisamos da ajuda do Espírito Santo para que possamos resistir e vencer.

Em junho de 2022, quando estava na Inglaterra cumprindo o meu período prático do DTS, eu vivi uma experiência interessante. Era um *day off* [2] da equipe, e eu decidi ficar em casa para organizar as minhas coisas e assistir a uma série. Convidei o Espírito Santo para passar aquele tempo comigo e comecei a navegar pelos serviços de streaming, procurando algo de que eu gostasse. Escolhi dar play em um seriado que parecia legal, sobre heróis e vilões. Em certo momento do episódio, senti o Espírito Santo me incomodar para parar de assistir. Cheguei a pensar que era "coisa da minha cabeça", que talvez eu estivesse sendo muito radical, afinal não tinha nada de mais naquelas cenas. Ignorei a sensação e continuei assistindo.

---

[2] *Day off* significa "dia de folga", em português.

CAPÍTULO 03

Pouco tempo depois, o meu líder passou em frente ao quarto e, despretensiosamente, perguntou o que eu estava vendo. Ouvindo minha resposta, ele me questionou se o Espírito Santo estava de acordo com aquilo. Confesso que me espantei com as palavras que ouvi, porque, imediatamente, eu me lembrei de que havia convidado o Senhor para passar aquele tempo comigo e acabei me vendo distraída com a série, sem dar ouvidos à Sua opinião. Por mais que o programa parecesse ingênuo, eu estava entristecendo o coração de Deus com a minha atitude. Assim que identifiquei e reconheci isso, desliguei a tela. Assistir a uma série não é pecado, mas, como a Bíblia nos ensina, é preciso fugir de qualquer coisa que possa representar um precipício e nos fazer cair.

Você já teve a sensação de que não deveria fazer alguma coisa e acabou fazendo, por pressão dos amigos ou qualquer outro motivo? Se sim, o que sentiu depois?

_____

_____

_____

_____

_____

_____

VULNERÁVEIS NO PROCESSO DE ARREPENDIMENTO

Agora que você entendeu que o processo de arrependimento nos leva à santidade, talvez se pergunte: basta nos arrependermos de nossas transgressões que está tudo certo, então? A resposta é "sim"! Só que, por mais simples que pareça, nem sempre **é** fácil de ser feito. Em determinadas situações, para arrepender-se verdadeiramente, você precisará ser vulnerável consigo mesma, com Jesus e com as pessoas ao seu redor.

Demonstrar vulnerabilidade significa admitir suas falhas, assumir que tem dificuldades e expor seus sentimentos e pensamentos, por mais obscuros que eles sejam. Ser sincera consigo mesma e com o Senhor fará você identificar as coisas das quais precisa se arrepender e as áreas que devem ser tratadas em sua vida — e, acredite em mim, elas são várias! A boa notícia é que a obra da Cruz concedeu cura para todos nós, e Jesus já perdoou os nossos pecados! Portanto, a nossa tarefa é identificá-los, com ajuda do Espírito Santo, e levá-los à luz: "**Se confessarmos** os nossos pecados, ele é fiel e justo para nos perdoar os pecados e nos purificar de toda injustiça" (1 João 1.9 – grifo nosso).

A Palavra ainda afirma que, quando revelamos nossas falhas aos nossos pais, responsáveis ou líderes, alcançamos a cura em determinadas áreas:

> *Portanto, confessem os seus pecados uns aos outros e orem uns pelos outros, para que vocês sejam curados. Muito pode, por sua eficácia, a súplica do justo.* (Tiago 5.16)

A vulnerabilidade é capaz de nos levar à cura e ao arrependimento. Contudo, precisamos tomar cuidado para que os nossos sentimentos não nos façam confundir arrependimento com remorso. Os dois podem aparecer em momentos de vulnerabilidade, mas são bem diferentes. A confissão e o arrependimento vêm depois de entendermos que as nossas atitudes pecaminosas não estão de acordo com a vida que Deus tem para nós, e perceber isso gera no nosso interior o desejo e a determinação de não praticarmos aquilo que desagrada o coração do Senhor.

Por outro lado, o remorso nos oferece uma tristeza segundo o mundo (cf. 2 Coríntios 7.10), daquelas que nos aprisionam com peso na consciência e sentimentos ruins. Resumindo, o arrependimento gera mudança de atitudes, enquanto o remorso, por ser somente uma percepção das nossas falhas, traz culpa e nos deixa decepcionadas por termos errado.

> **A VULNERABILIDADE É CAPAZ DE NOS LEVAR À CURA E AO ARREPENDIMENTO.**

Acredito que Judas Iscariotes seja um dos discípulos mais conhecidos pelas pessoas — até mesmo por aquelas que não creem em Deus. Sua história é famosa porque ele caminhou com o Mestre e O traiu em troca de trinta moedas de prata (cf. Mateus 26.14-15). Por mais que tenha assumido o seu pecado aos líderes religiosos, ele não se arrependeu, mas foi consumido pelo remorso. Judas não buscou o arrependimento diante de Deus, e a Bíblia conta que, para tentar se livrar da inquietação que possuía, ele se enforcou (cf. Mateus 27.3-5).

Nossos sentimentos são capazes, sim, de nos confundir. Por isso, é necessário que saibamos entender como a vulnerabilidade pode ser nossa aliada para andarmos em arrependimento e santificação. Vamos juntas?

A vulnerabilidade quebra a vergonha

Ao entender que somos um único Corpo e que, por isso, dependemos uns dos outros (cf. Romanos 12.5), ser vulnerável com as pessoas que estão caminhando conosco na mesma direção, torna-se mais simples do que imaginamos. Essa atitude nos liberta de toda vergonha que nos impede de confessar os nossos pecados e de chegar a um arrependimento genuíno.

Eu me lembro de que, assim que comecei a ser acompanhada de perto por uma liderança, tinha muita dificuldade em me expor. Levou um tempo até que eu conseguisse ser cem por cento honesta com eles e revelasse as minhas falhas. Creio que, por isso, tenha passado tanto tempo sem avançar em meu processo de cura em determinadas áreas. Contudo, assim que decidi ser genuinamente sincera, entrei em uma forte jornada de libertação e, hoje, não apenas vejo os frutos dessa atitude, mas reconheço o valor de abrir o meu coração. Desde então, sou impulsionada e esticada todos os dias para isso. Aprendi que o medo da reação das pessoas — que estão ali para ajudar, e não julgar — não pode paralisar a minha cura!

A vulnerabilidade quebra o orgulho

Podemos e devemos receber conselhos e direcionamentos daqueles que nos acompanham e possuem posições de autoridade em nossas vidas. Isso é importante porque, como seres humanos, temos a tendência de achar que somos perfeitos e que não precisamos de ninguém para nos ajudar. No entanto, quando expomos nossas falhas, quebramos o orgulho que há em nós e entendemos que ter uma família espiritual é uma grande bênção. No capítulo 7, vou falar um pouco mais sobre isso e dividir algumas experiências pessoais.

Não somos autossuficientes! Poder me expor aos meus irmãos, para mim, é uma das partes mais lindas nesta jornada, e essa atitude de humildade desfaz a natureza soberba que grita constantemente em nossa mente. Afinal, a Palavra poderia nos instruir a confessar os pecados exclusivamente a Jesus — Aquele que tirou o pecado do mundo e nos garantiu o perdão de Deus —, mas somos convidadas a fazer parte do processo em conjunto!

O Inimigo sabe que sozinhas nós não conseguimos alcançar a cura, então todas as vezes em que você estiver prestes a confessar sobre o que tem feito ou pensado, Satanás atacará a sua mente dizendo: "Foi algo tão pequeno, melhor deixar para lá". Ele age de tal forma para afastá-la da humildade, pois conhece a verdade que está escrita em Tiago 4.6: "Mas ele nos dá cada vez mais graça. Por isso diz: 'Deus resiste aos soberbos, mas dá graça aos humildes'".

CAPÍTULO 03

Garanto-lhe que é mais fácil confessar as pequenas tentações, do que esperar um grande pecado para, só então, contar a alguém. Exatamente por isso é indispensável que você seja acompanhada por um líder em sua igreja local; aos poucos, um ambiente seguro será construído, e você abrirá seu coração, pronta para ser ajudada.

A vulnerabilidade nos torna sensíveis ao que Deus pode fazer

Todos os pontos que comentei aqui são importantes, mas, sem este, nenhum outro poderia existir. O processo do arrependimento nem mesmo começa se não formos vulneráveis.

Já vivi algumas situações nas quais estive em rodas de conversa sobre assuntos legais, mas que, de repente, mudaram para tópicos que me incomodavam e com os quais eu não concordava. Mesmo assim, permanecia naqueles ambientes, acenando e torcendo para que o tema mudasse o mais rápido possível. Depois, sempre me arrependia, pois sabia que o Espírito Santo não estava de acordo com aquelas conversas — e, como já compartilhei, as coisas pequenas podem se tornar grandes. Hoje em dia, sempre que falo algo que não condiz com quem eu sou em Cristo, consigo perceber o Espírito Santo me incomodando, e, em vez de deixar para lá e permanecer nessas discussões, rapidamente reconheço a minha falha.

Imagine que uma de suas amigas está fazendo algo errado, e por mais que tente ajudá-la, ela insiste em continuar martelando no mesmo erro. Você, com toda certeza, acaba se entristecendo, e pode até falar: "Não digo mais nada, viu?!". Ainda assim, sempre estará disponível para aconselhá-la e acolhê-la. O Espírito Santo age de forma parecida — contudo, é muito

> **É MAIS FÁCIL CONFESSAR AS PEQUENAS TENTAÇÕES, DO QUE ESPERAR UM GRANDE PECADO PARA, SÓ ENTÃO, CONTAR A ALGUÉM.**

mais excelente! Ele nos confronta porque nos ama muito, e sempre sabe o que é melhor para nós.

Para retribuir esse amor, devemos seguir os Seus conselhos, afinal é cumprindo o direcionamento do Espírito que somos moldadas de acordo com Cristo. Em todos esses processos, eu aprendi que, quanto mais aberto mantenho o meu coração, mais próxima estou do Senhor. É nesse lugar que consigo me atentar aos Seus sussurros e saber exatamente como Ele fala. O melhor de tudo é que, se estou perto o suficiente, consigo ouvi-lO de imediato — até porque **o meu melhor amigo não deveria precisar insistir para que eu O escutasse**.

CONFRONTADAS PELA VERDADE

Já aprendemos que o arrependimento e a santificação andam paralelamente, e que isso só é possível por meio de um derramar vulnerável do nosso coração. Toda essa conversa nos traz a um momento de confronto. Afinal, estar diante da Verdade é semelhante a ter uma borracha capaz de apagar qualquer vestígio de ideia, pensamento ou vontade opostos a Cristo que ainda tentam sobreviver em nossos corações.

Sim, é muito difícil ser confrontada! Eu entendo o que você pode estar sentindo agora, mas essa é uma etapa necessária para que sejamos livres de toda transgressão e de todo engano, de modo que o design pensado por Deus seja visto em nós. Por exemplo, a Palavra afirma que todo aquele que peca se torna escravo do pecado (cf. João 8.34). Sendo assim, se vivemos pecando, estamos escravizadas e, por causa disso, não andamos de acordo com aquilo que foi planejado para nós: a posição de filhas amadas, não mais escravas (cf. Gálatas 4.7)!

Além de tudo isso, é no Salvador que encontramos vida. Nós sabemos que o pecado não somente nos aprisiona, como também pode gerar morte, porém Jesus quer que tenhamos vida em abundância (cf. João 10.10; Romanos 6.23). Não faria sentido algum seguirmos por caminhos que nos conduzem a direções opostas àquilo que Ele deseja para os nossos dias.

CAPÍTULO 03

No jardim do Éden, Adão e Eva tinham tudo de que necessitavam para viver abundantemente, inclusive — e principalmente! — o relacionamento com o Criador. Porém, ao pecarem, ou seja, ao contrariarem a vontade do Senhor e O desobedecerem, afastaram-se d'Ele e, ali, a morte entrou no mundo. Longe de Deus, nosso espírito está morto, mas, com o Pai, nossos corações são reavivados (cf. Efésios 2.1).

Por causa de tantas mentiras que podem ser lançadas em nossa mente, precisamos ser confrontadas com as verdades eternas que o Senhor declarou a nosso respeito, e, como você viu, é possível encontrá-las nas Escrituras. Página após página, o próprio Autor nos lembra de que somos filhas amadas, criadas para caminhar em liberdade. A Palavra é a nossa maior arma contra as mentiras do Inimigo, então todas as vezes em que a condenação ou o pecado vierem sobre seus pensamentos, arrependa-se e lembre-se da sua nova natureza: "Porque no passado vocês eram trevas, mas agora são luz no Senhor. Vivam como filhos da luz" (Efésios 5.8). Combata o engano com a Verdade viva!

Uma vez confrontadas pelas Escrituras, cabe a nós abraçá-las e carregá-las como o parâmetro de conduta e pensamento. Existe uma forma prática e excelente de começar a fazer isso: declarando aquilo que o Pai diz sobre nós. Em Gênesis 1.3, lemos que Ele criou o mundo por meio do que falava: "Então Deus disse: — Haja luz! E houve luz". A Bíblia nos mostra que existe grande poder nas palavras declaradas, portanto apegue-se ousadamente àquilo que o Senhor já afirmou sobre você.

ARREPENDIMENTO

No quadro abaixo estão algumas declarações que você pode fazer todos os dias, principalmente quando sentir a tentação do Inimigo levando sua mente para longe do arrependimento. Peça ao Espírito Santo para ajudá-la a completar os espaços em branco com as palavras específicas que Ele lançar ao seu coração.

QUADRO DE DECLARAÇÕES

Eu estou revestida de toda a armadura de Deus para lutar contra qualquer arma do Inimigo! Eu uso o escudo da fé, o capacete da salvação e a espada do Espírito! (cf. Efésios 6.14-17)

Eu não me amoldo ao padrão deste mundo, mas minha mente é transformada diariamente pelo Senhor. Por isso, experimento a boa, agradável e perfeita vontade de Deus! (cf. Romanos 12.2)

Eu sou a luz do mundo! Brilho diante dos homens, e eles sabem que tudo o que há de bom em mim vem de Deus, e o nome do Senhor é glorificado! (cf. Mateus 5.14-16)

Eu sou como uma árvore plantada junto a ribeiros de águas; dou fruto na estação própria, minhas folhas não caem, e tudo o que faço, prospera! (cf. Salmos 1.3)

CAPÍTULO 03

> ▸

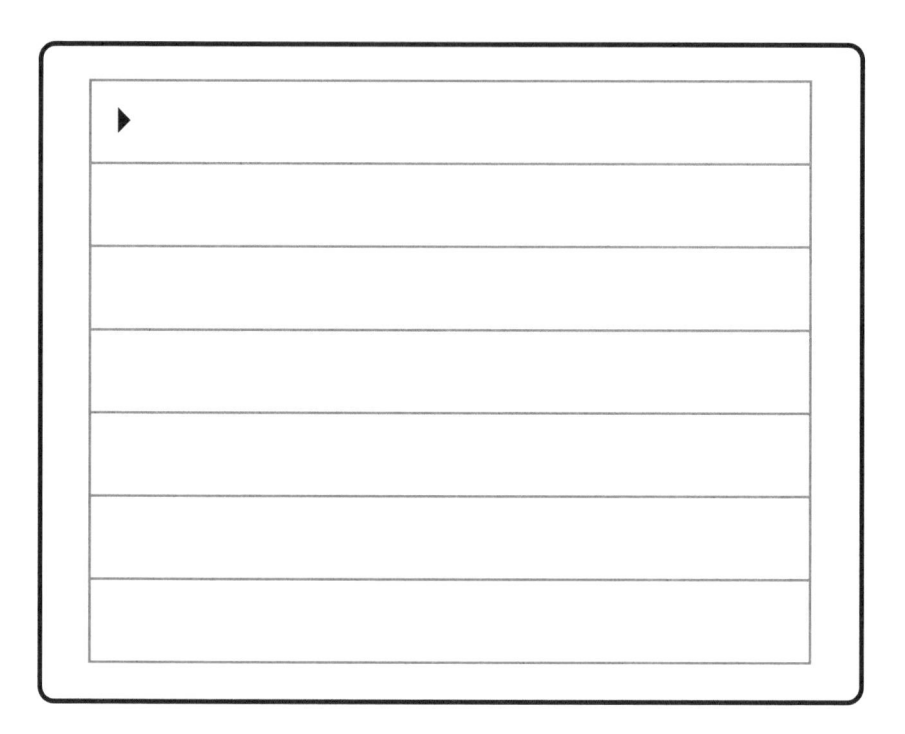

Ao reconhecermos quem somos para o Senhor, a soberba, o egoísmo e a autossuficiência perdem a força e param de comandar as nossas decisões. A única voz que passa a nos conduzir é a do Espírito Santo. Lembro-me de que, certa vez, após um jantar, dois amigos meus começaram a debater a respeito de um assunto qualquer. Acabei me intrometendo na conversa e falei a minha opinião em um tom soberbo, soando como se apenas eu tivesse razão. Um de meus amigos questionou minha atitude e perguntou se eu acreditava que era a dona da verdade. Sua fala atingiu a minha mente de tal forma que, após o episódio, todas as vezes em que eu expressava algo com muita certeza, refletia se estava dizendo aquilo em humildade.

Depois desse ocorrido, escrevi em um *post-it*: "EU NÃO SOU A DONA DA VERDADE", e colei em minha Bíblia. Alguns dias se passaram e, sem esperar, acabei abrindo as Escrituras bem na página em que estava o bilhete. Ao reler o que eu mesma havia deixado ali, o Espírito Santo reafirmou no meu coração: "Realmente, **você não é**

ARREPENDIMENTO

dona da verdade, mas é filha de um Pai que é a verdade por si só, então essa é a sua natureza". Deus utilizou aquela situação para falar comigo e alinhar minhas atitudes de acordo com o que Ele diz.

Naquela época, eu tinha a tendência de querer estar certa em todas as situações. Isso era um gigante orgulho dentro do meu coração, mas me arrependi, com a ajuda do Espírito, e, além de receber o perdão, fui ministrada por Ele. Há muito poder na declaração da Palavra de Deus! Hoje, eu proclamo aquilo que meu Pai diz que eu sou. Cada vez que faço isso, lembro-me de quem Ele é e, consequentemente, de quem fui criada para ser.

Também aprendi que a correção de Deus nunca vem revestida de acusação, mas de perdão, e sempre aponta para a direção correta. Logo tratei de arrancar aquele *post-it* antigo e escrevi em um novo: "Sou filha do Pai da verdade, eu carrego a verdade". Todas as vezes em que olhava para o papel, era como se meu coração fosse invadido por aquela frase, nutrindo e fortalecendo a minha identidade no Senhor.

Depois de declarar as verdades da Palavra sobre a sua vida, vamos colocar isso em prática? Pare agora e escreva em um *post-it* algo que você recebeu diretamente do Senhor. Cole o papel em algum lugar estratégico da sua casa, para o qual você sempre olhará e será lembrada daquilo que aprendeu.

Aprendemos juntas que o arrependimento é um processo que nos leva ao caminho da santidade — e este existirá por todos os nossos dias nesta Terra. Depois de nos expormos e sermos confrontadas pela Palavra, o que não podemos deixar de fazer é olhar para o nosso Senhor,

CAPÍTULO 03

pois é justamente a Sua bondade que nos leva até a linha de chegada: "Ou será que você despreza a riqueza da bondade, da tolerância e da paciência de Deus, ignorando que a bondade de Deus é que leva você ao arrependimento?" (Romanos 2.4).

ORAÇÃO

Obrigada, Pai, por sempre me mostrar o caminho para o arrependimento. Peço que sonde o meu coração, mostre-me quais são as áreas que deseja tratar em mim, e que precisam ser iluminadas pela Sua luz. O Senhor tem total liberdade!

Espírito Santo, auxilie-me no processo do arrependimento, e me leve diariamente pelo caminho da santificação, seguindo o exemplo de Cristo. Que eu seja humilde para ser confrontada e esteja sempre atenta à Sua voz.

Deus, faça-me quebrantada e vulnerável como Davi, o homem segundo o Seu coração. Que eu possa ser rápida em me arrepender, recalcular a rota quando necessário, confessar os meus pecados e permanecer nos Seus caminhos.

Em nome de Jesus, amém!

O PRIMEIRO PASSO PARA BUSCARMOS A SANTIDADE É O ARREPENDIMENTO.

Bia Jordão

04

INDO CONTRA A CULTURA

INDO CONTRA A CULTURA

Caminhando, cantando e seguindo a canção — é dessa forma que a vida pode nos levar a qualquer lugar sem que percebamos para onde estamos indo. Acionar o piloto automático parece já fazer parte da nossa cultura. Por todo o mundo, existem pessoas que se deixam ser "arrastadas pelas águas do mar", que vêm e vão, e são levadas por qualquer vento que sopra. Elas permitem que desejos enganosos sejam seus guias e firmam os seus pés na vaidade dos próprios pensamentos, por causa da dureza de seus corações (cf. Efésios 4.14-18).

No entanto, por sermos movidas pelo Espírito, precisamos nos posicionar de acordo com os valores do Reino, e isso, sem dúvidas, significa que vivemos na contramão deste mundo. Imagino que você possa se perguntar: "Bia, e quanto aos ventos e mares de nossas vidas?". É verdade que eles até podem vir, mas uma vez que estamos enraizadas na Palavra e revestidas "[...] da nova natureza, criada segundo Deus, em justiça e retidão procedentes da verdade" (Efésios 4.24), o conformismo perde qualquer espaço e as ondas não nos levarão.

DA QUEDA AO PADRÃO REFERENCIAL

O Capítulo 3 de Gênesis conta sobre a Queda da humanidade e o ato de desobediência a Deus (leiam, para refrescar a memória). O Senhor havia dito: "[...] da árvore do conhecimento do bem e do mal você não deve comer; porque, no dia em que dela comer, você certamente morrerá" (Gênesis 2.17). Você já se perguntou o que seria o "conhecimento do bem e do mal"?

CAPÍTULO 04

Podemos pensar que, ao comer o fruto proibido, Adão e Eva teriam uma mera informação sobre o que são as coisas boas e o que são as ruins, certo? Acontece que vai bem além disso! O que as Escrituras abordam nesse trecho diz respeito à **determinação** do bem e do mal, ou seja, se ambos provassem o fruto dessa árvore estariam rejeitando a soberania de Deus, o único capaz de estabelecer esse juízo de valor. Ainda assim, eles comeram, "apropriaram-se" de tal responsabilidade, rebelando-se contra o governo do Criador.

A tentativa de tomar o lugar de Deus nos deu como resultado um mundo manchado e corrompido pelo pecado (cf. Romanos 3.10-18). Hoje, temos uma sociedade cheia de juízes da moralidade, que, para benefício próprio, relativizam todas as coisas. Vivemos em um mundo no qual as pessoas dizem com naturalidade: "Sou eu que determino o certo e o errado" e "Se me sinto bem, está correto". O "eu" é entronizado, todos os valores definidos pelo Senhor são invertidos e uma cultura distorcida é estabelecida; é como se ouvíssemos gritos em todas as esquinas, dizendo: "Salve-se quem puder"!

Porém o Reino ao qual pertencemos não funciona dessa maneira egoísta! Ele é leve, justo, verdadeiro e regado de amor e esperança, porque o Rei é tudo isso. Para vivermos na contramão da vaidade, do orgulho e do egocentrismo que nos rodeiam, precisamos ter a certeza dessa origem. Jesus não Se esvaziou do propósito d'Ele na Terra em momento nenhum, ao contrário, Ele Se humilhou e foi obediente até a morte (cf. Filipenses 2.7-8), para que hoje pudéssemos desfrutar da realidade e cultura celestiais.

Quando conduzimos a nossa vida de maneira irrelevante e cômoda, desvalorizamos o sacrifício de Jesus e negociamos os direitos que nos foram garantidos por meio d'Ele. Crer no sangue de Cristo é viver conforme a Sua Palavra, porque Ele é o nosso redentor e o nosso modelo de conduta. João nos alerta sobre isso de maneira muito clara: "quem diz que permanece nele, esse deve também andar assim como ele andou" (1 João 2.6).

Tire um tempo para refletir e ser sincera consigo. Pense: minhas atitudes demonstram que sou uma seguidora de Jesus ou estou apenas sendo levada pela correnteza do mundo? Escreva tudo a seguir.

CAPÍTULO 04

A MORTE DO "EU"

Não sei qual foi a sua jornada para chegar até Jesus, mas, no meu caso, eu não nasci em um lar cristão. Desde muito nova, fui ensinada e direcionada a me importar somente comigo. Diante de qualquer situação, eu deveria pensar em mim primeiro e, depois, nas outras pessoas — Deus sequer estava em minha pirâmide de prioridades. E não, eu não culpo a minha família por isso, afinal eles ainda não conhecem ao Senhor.

Foi em outubro de 2020 que tudo mudou. Aos meus 16 anos, por intermédio de uma amiga, fui à igreja pela primeira vez e, ali, sentada em uma cadeira e ao som de um louvor que eu desconhecia, Jesus me alcançou. A sensação exata daquele momento está viva dentro de mim até hoje. Eu encontrei um lar e todas as minhas convicções foram abaladas! O desejo inexplicável de conhecer mais sobre o Filho de Deus era muito mais forte que o som acelerado das batidas do meu coração. Naquele dia, recebi de Cristo tudo o que sempre desejei: **ter a sensação de pertencimento**. Ele me conectou ao Pai, que é o Rei de toda Terra e Céus; eu ganhei uma nova identidade e uma nova família, cheia de irmãos para caminhar comigo.

Se você conhece pelo menos um pouco da minha história, sabe que a fama e o reconhecimento vieram muito cedo para mim, mas a questão é que, na mesma proporção que eu me tornava conhecida pelo meu trabalho como artista, um "estrelismo" crescia em meu peito. Eu tinha a autoestima tão elevada que, hoje, brinco com os meus amigos perguntando como gostavam de mim antes da minha conversão, porque, definitivamente, não era nada fácil lidar e conviver comigo. Ser alguém com fama me mostrou que eu podia ter tudo o que queria de maneira muito fácil, e acabei me tornando uma garota supermimada e autossuficiente. Enquanto eu perseguia a vontade de me superar vez após vez, a sensação de acolhimento e descanso não existia em meus dias.

Quando o Pai me encontrou, Ele me disse que desejava o meu coração. Aquilo foi profundamente diferente de todos os pedidos que eu estava acostumada a ouvir. As pessoas normalmente queriam estar perto de mim por causa da quantidade de seguidores que tenho nas redes sociais ou pelas minhas aparições na televisão. Pediam fotos, entrevistas e favores a todo tempo, mas pedir o meu coração? Isso não havia acontecido antes!

Naquele momento, eu entendi que Deus não me enxergava como os outros e que o Seu interesse a meu respeito não estava relacionado ao que eu fazia ou poderia fazer, mas, simplesmente, a quem eu era. **Ele me queria!** Eu nunca havia tido tanta clareza sobre quem o Senhor era até aquele dia, quando me rendi e me senti em casa. Passei a ouvir o Espírito Santo e, gradativamente, uma mudança começou a acontecer dentro de mim.

> **NAQUELE DIA, RECEBI DE CRISTO TUDO O QUE SEMPRE DESEJEI: TER A SENSAÇÃO DE PERTENCIMENTO.**

Eu me lembro de não querer mais passar horas e horas falando apenas sobre a minha vida, como eu costumava fazer, mas o meu desejo naquele momento era de ouvir o que as pessoas sabiam sobre Jesus e como se relacionavam com Ele. Passava madrugadas acordada, ligando para os amigos que tinha feito na igreja e fazendo inúmeras perguntas do tipo: "Como devo orar?", "Você sente vontade de ler a Bíblia?", "Como escuta a voz de Deus?". Eu estava sedenta e ansiava compreender as questões básicas da fé cristã. A paciência e o amor deles no início da minha caminhada com Cristo fez toda a diferença para que eu aprendesse a negar a mim mesma e permanecesse no caminho do Senhor.

Ao observar o meu interesse, eles combinaram de me dar uma Bíblia de presente. Conversaram entre si e escolheram uma que acharam que tinha a ver comigo — e eu amei tanto aquele cuidado! Pouco tempo depois, o "momento da leitura bíblica" se tornou o ápice dos meus dias, pois no secreto, frente a frente com a verdade de Deus, eu fui (e ainda sou) constrangida com o Seu amor. Incontáveis vezes, lágrimas de arrependimento escorreram pelo meu rosto enquanto estava aqui dentro do meu quarto, de onde escrevo este capítulo. Assim caminhei

CAPÍTULO 04

e perseverei, sendo transformada, por meio de um relacionamento genuíno com Jesus, dia após dia.

> **É sempre muito bom quando nos lembramos do momento em que fomos atraídas pelo Senhor e por Seu amor irresistível. Você já viveu isso? Acesse o QR Code ao lado e, após escutar a música, conte como foi o seu encontro com Cristo.**
>
> _____
> _____
> _____
> _____
> _____
> _____
> _____
> _____

INDO CONTRA A CULTURA

Desde que aceitei a Jesus e me submeti ao processo de santificação, o rumo da minha vida mudou. Fui liberta da escravidão do pecado, aprendi sobre a plena satisfação no Senhor e sobre a Sua soberania. Entendi que eu não ocupo o primeiro lugar na minha vida, mas, sim, Cristo. Ele está lá! Nessa lista de prioridades, eu também não estou no segundo lugar: as pessoas ocupam essa posição. Eu me encontro ali, no terceiro degrau dessa pirâmide. Enquanto o mundo tenta nos convencer dizendo: "Priorize-se. Faça o que for confortável para você", o Mestre diz, em Lucas 9.23: "[...] Se alguém quer vir após mim, negue a si mesmo, dia a dia tome a sua cruz e siga-me".

É habitual em nossa cultura escolhermos as coisas que são mais cômodas ou que nos custam menos. Vivemos em um mundo onde tudo gira em torno de nós, e quando nos deparamos com a verdade de que Deus é o centro de todas as coisas, acabamos ofendidas. Porém qual seria o motivo disso? A grande questão é que nos tornamos nossos próprios ídolos e colocamos nossas vontades em altares. Essas atitudes nos mostram o quanto os nossos olhos estão cegos, a ponto de não conseguirmos desatar as correntes do pecado que nos prendem. Afinal, quanto mais buscamos servir a nós mesmas, mais estamos nos rebelando contra **o Único** que pode trazer plena satisfação para a nossa alma.

Avalie se, hoje, existe algo em você tomando o espaço do Senhor na sua vida. Será que suas opiniões, seus desejos, seus medos etc. ocupam o primeiro lugar no seu coração? Exponha no espaço a seguir. Confesse a Deus e permita que Ele a transforme!

CAPÍTULO 04

>

Fomos criadas para nos relacionarmos com o nosso Pai, entendendo a Sua soberania, e para torná-lO conhecido em todo o mundo. Aqueles que estão à sua volta costumam mentir e enganar? Você é portadora da Verdade, vá e seja luz! Está rodeada de pessoas cheias de si e que só olham para o próprio umbigo? Você carrega Jesus consigo, a encarnação do amor doador de Deus, vá e ame! Existem pessoas com fome e sede? Você possui a resposta, vá e dê o que tem! Doenças e enfermidades estão se espalhando? Você é morada de um Deus que ressuscita mortos, vá e cure, em nome de Jesus!

QUANTO MAIS BUSCAMOS SERVIR A NÓS MESMAS, MAIS ESTAMOS NOS REBELANDO CONTRA O ÚNICO QUE PODE TRAZER PLENA SATISFAÇÃO PARA A NOSSA ALMA.

Parece loucura, não é? Viver o Evangelho é, de fato, como dirigir em uma rodovia movimentada e permanecer na direção contrária, enquanto todos os outros carros seguem o mesmo fluxo. Será que estamos certas do amor que o Senhor sente por nós e do privilégio que é carregar as Boas Novas, a ponto de não desviarmos da rota, mesmo com "buzinas", "faróis altos" ou até mesmo "pessoas irritadas no trânsito"?

Certamente, só seremos capazes de seguir na contramão do mundo ao vivermos um relacionamento íntimo e constante com o Criador. Existem três pontos que me ajudaram nessa missão e quero compartilhá-los agora. Sempre que for um pouquinho para fora da pista, tente segui-los. Tenho certeza de que o Espírito Santo a conduzirá pelo caminho de volta.

1. **Permita que Deus entre e habite em seu coração.** Acontece no mesmo instante em que o Senhor nos alcança e tudo vem à luz. Precisamos deixar que Ele tenha liberdade de Se mover e arrumar toda a bagunça. Chame-O para entrar e ficar!

2. **Deixe que a Verdade a preencha.** Depois do primeiro passo, começamos a conhecer o Evangelho mais profundamente e, a fim de que ele seja incorporado à nossa vida, temos de dar espaço para que nos complete. Isso acontece no dia a dia, ao negarmos a nós mesmas (cf. Lucas 9.23) e nos esvaziarmos dos nossos "entulhos" internos, repletos de mentira e pecado. Assim, constantemente, seremos preenchidas pela Palavra de Deus, vivendo uma transformação profunda, dia após dia, até que os vazios dos nossos corações sejam completamente ocupados.

3. **Entre em um lugar de transformação.** Esse é o mais árduo, porque é um processo contínuo. Vivi uma situação no início da minha conversão que ilustra esse ponto perfeitamente! Fazia um mês que eu estava frequentando a igreja, e de repente recebi uma mensagem no celular — era um convite para uma festa universitária. Mesmo sem tanta vontade de ir, aceitei. Antes da minha conversão, eu ia com frequência a esses lugares, então as músicas, o cheiro daquele ambiente, as bebidas e as pessoas eram comuns para mim. Porém, naquele dia, algo parecia estar errado.

Eu me senti extremamente desconfortável e ouvi a voz do Espírito Santo me dizendo que aquele não era o meu lugar. Olhava ao meu redor e sentia uma vontade de correr o quanto antes. Lembro-me de pensar que todos naquela festa precisavam ouvir sobre Jesus, e uma aflição me tomou fortemente. Liguei para minha mãe na hora e disse: "Virei crente. Vem me buscar, por favor!".

A verdade é que, quanto mais contemplamos o Senhor, mais a nossa vida antiga e nosso velho "eu" morrem. As coisas que fazíamos antes de Jesus passam a não ser mais tão prazerosas quanto o deleite eterno de nos relacionar com Ele. Somos livres e transformadas pela presença de Deus (cf. 2 Coríntios 3.16-18)!

CAMINHANDO EM OBEDIÊNCIA

Quando temos um coração obediente, experimentamos a plenitude da liberdade no Senhor. Digo isso, porque a Bíblia está cheia de relatos de homens e mulheres que, a partir da obediência à Palavra de Deus, conheceram de maneira sobrenatural a fidelidade e a bondade d'Ele.

Abraão, por exemplo, era um homem de idade avançada e ainda não tinha filhos, mas o Senhor lhe entregou a promessa de que o faria pai de muitas nações (cf. Gênesis 17.4). Prometeu-lhe que a sua mulher, Sara, que era estéril, geraria um filho. Se seguirmos um pouco na leitura, alguns capítulos adiante, vemos que o mesmo Deus que fez todas essas promessas também disse a Abraão: "[...] Pegue o seu filho, seu único filho, Isaque, a quem você ama, e vá à terra de Moriá. Ali, ofereça-o em holocausto, sobre um dos montes, que eu lhe mostrar" (Gênesis 22.2).

Imagine-se no lugar de Sara, por um momento. Se o seu marido lhe contasse essa história, acredito que você acharia uma completa loucura e até mesmo duvidaria daquilo que ele tinha ouvido de Deus, não é mesmo? Até porque, vamos combinar? Na perspectiva humana, esse pedido não faz o menor sentido! Porém Abraão sabia Quem o tinha ordenado e, por mais que parecesse insanidade ou que não entendesse, preferiu ser guiado não pelo que via, mas pelo que ouvia do Senhor. O grande homem de Deus deixou a sua reputação de lado, porque, para ele, dizer "sim" à vontade do Pai, mesmo que isso lhe custasse a vida de seu próprio filho, era mais valioso do que qualquer outra coisa.

Eu não compreendo o motivo de ainda preferirmos ser levadas e direcionadas por opiniões alheias, e não pela Palavra do Pai. Por que ainda zelamos tanto pela nossa reputação neste mundo e pelo que dizem sobre nós? Precisamos nos lembrar, constantemente, de que o que importa de fato não é mais a nossa imagem ou os nossos desejos, mas o que definitivamente deve queimar em nossos corações é estar no centro da vontade de Deus. Imagine se Abraão tivesse dado ouvidos à opinião das pessoas à sua volta; certamente não teria vivido uma das maiores experiências de dependência e obediência radical ao Senhor de toda a História, e não faria parte do apontamento para o sacrifício do próprio Cristo, Filho de Deus.

Nós, muitas vezes, por receio do que irão pensar, desobedecemos ao Pai e vamos pelo caminho mais fácil: nos calar e não agir. É muito cômodo ser mais um peixe levado pela correnteza em vez de nadar contra a maré. Porém, se realmente queremos seguir a Jesus, precisamos nos posicionar de acordo com a Palavra, e não conforme a cultura em que estamos inseridas, porque Ele, sendo o Deus Filho, obedeceu ao Pai (cf. Mateus 26.39).

> **Agora, pare por alguns instantes e reflita: como você lida com a opinião dos outros a seu respeito? Você já repensou as palavras de Deus depois de se deparar com outras vozes? Relate a sua experiência a seguir.**

CAPÍTULO 04

▸

Alguns meses após a minha conversão, recebi uma proposta de trabalho bem tentadora em relação ao pagamento. Era uma oportunidade, aparentemente, incrível, mas a questão é que eu não sentia paz em recebê-la. Por mais que fosse uma publicidade para uma marca grande e uma "chance única" para a minha carreira, aquilo ia completamente contra a cultura do Reino de Deus. Ao recebê-la, eu orei e disse: "O Senhor conhece o meu coração e sabe o quanto esse projeto me ajudaria financeiramente, mas eu reconheço que tem cuidado de mim e que a Sua vontade e os Seus planos são bem maiores e melhores do que os meus, por isso peço que me ajude a ter sabedoria para tomar essa decisão".

No dia seguinte, acordei com a plena convicção no meu coração de que deveria recusar a proposta. Não foi nada fácil! Além de precisar ter coragem para dizer "não" à empresa, fazer a minha família entender

INDO CONTRA A CULTURA

a minha decisão foi um desafio. De um outro ponto de vista, parecia até egoísmo da minha parte recusar o trabalho, porém opinião alguma poderia me influenciar a mudar de ideia. O Espírito Santo havia me convencido sobre aquela situação e o meu coração estava completamente em paz por saber que estava obedecendo ao Senhor!

Você já passou por algo parecido? Descreva aqui um momento em que soube que estava no centro da vontade de Deus, mesmo não fazendo aquilo que desejava. Depois, agradeça ao Senhor por transformar o seu coração a cada dia.

CAPÍTULO 04

AUTORIDADE

Ao nos posicionarmos como filhas de Deus e entendermos que a realidade que nos move é a do Reino, passamos a receber autoridade do Alto. O Senhor estende a representação dos Céus e de quem Ele é a nós. Isso não é poderoso? Em 2 Coríntios, Paulo escreve:

> *[...] Deus estava em Cristo reconciliando consigo o mundo, não levando em conta os pecados dos seres humanos e nos confiando a palavra da reconciliação. Portanto, somos **embaixadores** em nome de Cristo, como se Deus exortasse por meio de nós. Em nome de Cristo, pois, pedimos que vocês se reconciliem com Deus.* (2 Coríntios 5.19-20 – grifo nosso)

Você já parou para pensar sobre o que é ser embaixadora do Reino de Deus? Ou melhor, você sabe o que é ser um embaixador? Basicamente, é representar um lugar ou alguém, e estar encarregado de uma missão em terra estrangeira. Acredito que você já tenha entendido a relação, mas podemos trazê-la para a ótica cristã: nós somos encarregadas da missão de expandir as Boas Novas da reconciliação do Pai com a humanidade, ou seja, somos representantes do Reino aqui na Terra.

INDO CONTRA A CULTURA

Como poderíamos refletir os Céus nos lugares que frequentamos? No QR Code ao lado, você encontra um texto que fala um pouco mais acerca disso. Depois da leitura, ore e estabeleça, de modo prático, as atitudes que você tomará para propagar as Boas Novas onde estiver. Deixe tudo registrado neste espaço.

_____
_____
_____
_____
_____
_____
_____
_____
_____

CAPÍTULO 04

Nós, como filhas de Deus e coerdeiras com Cristo, temos autoridade para fazer tudo aquilo que Jesus fez, como: pisar em serpentes e escorpiões (cf. Lucas 10.19); expulsar demônios (cf. Marcos 3.15); curar todo tipo de doença e enfermidade (cf. Mateus 10.1); e fazer coisas ainda maiores (cf. João 14.12). A Palavra nos garante isso! Não sou eu ou qualquer outra pessoa, mas é o próprio Senhor que nos dá esse poder e responsabilidade para que o Seu nome seja conhecido em todos os cantos da Terra.

Quando entendemos nossa identidade e nosso papel como representantes do Reino, já não faz mais sentido vivermos no comodismo. Andar da maneira que Cristo andou, indo contra a cultura e os preceitos considerados "normais" neste mundo, vai nos custar mais do que só a nossa reputação, relacionamentos, recursos, talentos ou tempo. Vai nos custar **tudo**! Eu sei, é algo radical, mas, como o apóstolo Paulo disse:

> *Mas o que para mim era lucro, isto considerei perda por causa de Cristo. Na verdade, considero tudo como perda, por causa da sublimidade do conhecimento de Cristo Jesus, meu Senhor. Por causa dele perdi todas as coisas e as considero como lixo, para ganhar a Cristo.*
> (Filipenses 3.7-8)

ORAÇÃO

Jesus, muito obrigada por me encontrar e mudar a direção que eu estava seguindo. Peço que gere em mim um coração obediente às Suas palavras. Não quero ser mais uma na multidão, quero andar na contramão do mundo para que o Seu nome seja glorificado!

Ajude-me a permanecer firme, de modo que eu não seja levada por filosofias e práticas que não condizem com a Bíblia. Revele-me a autoridade que já está sobre mim para representar o Seu Reino aqui na Terra. Quero cumprir os desejos do coração do Pai, e não os meus, por isso, peço que venha comigo, Senhor!

Em nome de Jesus, amém!

A TENTATIVA DE TOMAR O LUGAR DE DEUS NOS DEU COMO RESULTADO UM MUNDO MANCHADO E CORROMPIDO PELO PECADO.

Mylena Mariano

05

SER COMO JESUS É

SER COMO JESUS É

Todos aqueles que decidem caminhar com Cristo — pastores da sua igreja local, pessoas recém-convertidas, intercessores, líderes, *influencers* que você admira, ministros de adoração, sejam eles adolescentes, jovens ou velhos — possuem uma missão em comum: parecer-se com Jesus. Conforme conhecemos o Senhor, dia após dia, percebemos que a constante leitura bíblica, bem como a oração e as demais disciplinas espirituais exigem de nós um grande empenho e nos direcionam para uma missão maior. A questão é que você pode cumprir uma rotina devocional impecável, mas se o seu coração não estiver queimando por uma transformação genuína e por se tornar mais parecida com Cristo, estará perdendo o real propósito dessas disciplinas espirituais. Ter o caráter aperfeiçoado e moldado segundo a imagem de Jesus, até que o nosso tempo nesta Terra se acabe, colocando em prática o que desenvolvemos no secreto, é o maior desafio apresentado a nós.

Ao ler o Novo Testamento, você consegue perceber que o Mestre deu grande ênfase ao fato de que devemos viver cada ensinamento das Escrituras de maneira prática. Em Mateus 23, há uma situação que mostra o desejo de Cristo de que apliquemos a Sua Palavra na nossa rotina. Nessa passagem, Jesus Se dirigiu àqueles que não agiam de acordo com o que pregavam, e os repreendeu, dizendo: "Ai de vocês, escribas e fariseus, hipócritas [...]" (v. 27). Esses homens sabiam cada palavra da Lei, mas, na hora de praticá-la com obras de amor e misericórdia, erravam miseravelmente. Eram tão falhos em demonstrar o poder vivo da Palavra servindo às pessoas, que o famoso dito "faça o que eu digo, mas não faça o que eu faço" lhes cairia como uma luva (cf. Mateus 23.1-3). Condenavam o povo por meio dos mandamentos

CAPÍTULO 05

dados por Deus, sem olhar para Jesus, sem reconhecê-lO como o Filho de Deus e sem imitá-lO.

Ainda no livro de Mateus, capítulos antes, o Mestre também diz:

> — Nem todo o que me diz: "Senhor, Senhor!" entrará no Reino dos Céus, mas aquele que faz a vontade de meu Pai, que está nos céus. Muitos, naquele dia, vão me dizer: "Senhor, Senhor, nós não profetizamos em seu nome? E em seu nome não expulsamos demônios? E em seu nome não fizemos muitos milagres?". Então lhes direi claramente: "Eu nunca conheci vocês. Afastem-se de mim, vocês que praticam o mal".
> (Mateus 7.21-23)

Por meio desses episódios, e de tantos outros que vemos nos evangelhos, o Senhor confronta a nossa conduta. Você pode muito bem conhecer a Bíblia do início ao fim ou saber orar e jejuar como ninguém, mas isso não terá qualquer valor se não submeter o seu caráter a Ele, para que seja transformado.

Não basta conhecermos as Escrituras e as disciplinas espirituais, nós precisamos andar conforme Jesus andou. Sei que isso pode ser um grande desafio, mas também é um lindo privilégio destinado a nós! É assustador quando nos deparamos com aquilo que, de fato, somos — digo isso porque já vivi essa experiência na pele. Ainda assim, seguir os passos do Senhor deve ser inegociável para aquele que entregou a sua vida a Ele. Nós até podemos tentar, mas nunca conseguiremos ignorar a necessidade que temos de sermos salvos — tanto de nós mesmos quanto de nossas inclinações para toda obra de injustiça (cf. Efésios 2.8-9). Não há outro caminho: temos de seguir o exemplo de Cristo.

A falta de dependência de Deus nos leva a uma vida espiritual rasa, quando deveríamos nos jogar aos pés do Pai e ir ainda mais fundo em confiança n'Ele. Você e eu precisamos das misericórdias do Senhor todos os dias. Sem a presença de Jesus, nossa perspectiva acerca da vida e das pessoas torna-se distorcida, e, automaticamente, o Reino de Deus deixa de fazer sentido para nós. Afinal de contas, como compreenderíamos tal realidade se é Ele quem nos concede o acesso à sala do Trono?

Lembre-se de que, ao entregar a sua vida ao Senhor, algo mudou drasticamente! Antes, os seus próprios desejos e vontades a dominavam; hoje, o senhorio d'Ele precisa falar mais alto do que qualquer outra voz dentro de você. Jesus é o único digno de toda a sua atenção e devoção.

Aproveite o quadro a seguir para escrever uma carta para Deus! Declare que Cristo é o dono da sua vida. Escreva palavras de amor e dependência, e enderece todas elas a Jesus.

CAPÍTULO 05

Nova mensagem ✕

De

Para

Enviar

Como já conversamos nos capítulos anteriores, não somos moldadas conforme a nossa própria imagem, mas pela imagem do Senhor Jesus. Na carta de Paulo aos coríntios, o apóstolo nos entrega a chave do que antecede a nossa transformação:

> *E todos nós,* **com o rosto descoberto,** *contemplando a glória do Senhor, somos transformados, de glória em glória, na sua própria imagem, como pelo Senhor, que é o Espírito.* (2 Coríntios 3.18 – grifo nosso)

Para que essa verdade colida com o nosso coração e arranque cada pedaço que não condiz com a realidade dos Céus, devemos nos despir de toda e qualquer venda que estiver sobre os nossos olhos — só assim poderemos contemplar Jesus. Caso contrário, vamos caminhar, insistentemente, conforme o nosso estilo de vida caído. Sei bem que deixar que os olhos d'Ele se encontrem com os nossos não costuma ser confortável; no entanto, toda vez que isso acontece, algo em nós é modificado.

Em 2022, tive diversas experiências em que precisei tirar algumas vendas para clarear minha visão e me tornar mais parecida com Jesus. Foi um processo vulnerável e difícil de compartilhar com Ele. Naquele ano, passei por várias transições. Eu me mudei de cidade e de igreja, comecei a cursar a faculdade de Psicologia; enfim, a minha vida parecia ter virado do avesso. Era uma casa diferente, professores e colegas desconhecidos, demandas maiores e tudo muito novo, mas a pior parte era que eu não tinha o controle de nada. Nada mais era como antes. Eu não tinha pedido que aquilo acontecesse nem queria ter de tirar as velhas coisas do lugar para que novas fossem colocadas. Além disso, a mudança não acontecia somente ao meu redor, porque cada parte do meu interior era transformada também. As situações que se apresentavam necessitavam de atitudes e decisões distintas, então, querendo ou não, eu precisava mudar!

Todo esse processo foi bastante doloroso, pois, pela primeira vez na vida, encarei uma ruptura em grande nível. Eu acreditava que teria total controle sobre as circunstâncias, mas quanto mais o ano passava, mais eu percebia o quanto carecia — e continuo carecendo — das misericórdias do Senhor para moldar o meu caráter. Levei vários puxões de orelha do Espírito Santo, se é que você me entende, para render o meu "eu" a Jesus.

Naquela época, vivi uma situação específica que, embora simples, acabou me marcando muito. Eu tinha me exercitado na academia e voltei para casa andando, como era de costume. Mentalmente, comecei a reclamar do cansaço, afinal somos todos humanos e temos momentos de insatisfação — a meu ver, por ser boa o bastante, sentia-me no direito de reclamar naquele momento. Até que o Espírito veio com uma voz suave, ecoando em minha mente, com as palavras: "Não romantize suas falhas ou fraquezas, Eu sou suficiente para moldá-la, em todas as áreas. Olhe para Mim!". Provavelmente minha orelha ficou vermelha depois de um puxão como aquele. Parece singelo — e foi! —, mas fez total sentido para mim.

> **De modo semelhante ao meu, você já viveu alguma experiência assim, em que o Senhor a confrontou sobre uma decisão ou um comportamento em um atividade simples do seu dia? Nas linhas abaixo, conte como foi e o que Deus lhe falou.**
>
> _____
> _____
> _____
> _____

>

Percebi que, por causa daquela distorção que criei sobre a murmuração, eu estava, de alguma maneira, tentando me encaixar nos padrões errados, em que a gratidão nunca tem vez. É interessante observar que esse comportamento faz parte da rotina da maioria das pessoas. Ao contrário disso, a Palavra é muito clara ao afirmar que Deus nos transforma pela renovação da nossa mente (cf. Romanos 12.2), por isso precisamos permitir que o Espírito Santo construa um caráter aperfeiçoado em nós — o caráter de Jesus.

CARÁTER DE CRISTO

Depois de encarar a nossa natureza e perceber o quão necessitadas de Cristo nós somos, estamos prontas para ser moldadas conforme o Filho. Nosso Deus detém um caráter lindo, e nós podemos, por meio dos relatos dos anos em que Jesus andou por esta Terra, ver os Seus atributos nitidamente expostos. Mesmo que, ao nosso redor, não encontremos nenhuma boa referência humana para seguir — alguém que tenha o coração, as palavras e as ações alinhados ao caráter do Pai —, não há desculpa. O nosso modelo não é ninguém mais e ninguém menos do que o próprio Deus encarnado (cf. Colossenses 1.15). Lembre-se: tudo o que Cristo dizia era testificado pelo que Ele fazia.

O Senhor é tão bom que, além de nos salvar da condenação eterna, ainda nos aperfeiçoa segundo quem Ele é. Jesus é a expressão completa e perfeita de Deus Pai: cheio de humildade, mansidão, retidão, verdade, pureza, paz e amor. Ele revela tudo isso e mais um pouco, não é?! Nosso Amado é realmente incomparável, e a nossa admiração deve ser acompanhada pelo anseio de desenvolver os traços do Seu caráter. É por isso que, agora, vamos conversar sobre alguns deles.

> **LEMBRE-SE: TUDO O QUE CRISTO DIZIA ERA TESTIFICADO PELO QUE ELE FAZIA.**

Humildade

Olhando para o caráter de Jesus bem de perto, podemos observar que uma característica forte de Seu coração é a humildade. Nosso Deus, revelado no Filho, esvaziou-Se e Se tornou servo de todos (cf. Filipenses 2.7-8). Ele serviu à humanidade com o amor do Pai e nos mostrou, com a Sua entrega, que **não há humildade mais linda do que a de esvaziar-se de si mesmo para que o outro caiba em você.**

Mas o que significa quando falamos que o Senhor Se esvaziou? Ele renunciou à Sua posição como Rei para olhar a necessidade das pessoas, honrando-as muito mais do que a Si mesmo, ainda que elas não merecessem. N'Ele, foi vista a maior demonstração de humildade da História: "que, mesmo existindo na forma de Deus, não considerou o ser igual a Deus algo que deveria ser retido a qualquer custo" (Filipenses 2.6).

Um coração humilde como o de Jesus deve ser a nossa busca; somente assim, amaremos as pessoas com tudo o que temos (cf. Romanos 12.10). Eu sei, é uma prática bem difícil, mas, graças ao Senhor, não é impossível. Para nunca perder isso de vista, Paulo instrui a igreja de Éfeso:

> *Por isso eu, o prisioneiro no Senhor, peço que vocês vivam de maneira digna da vocação a que foram chamados, com toda a humildade e mansidão, com longanimidade, suportando uns aos outros em amor, fazendo tudo para preservar a unidade do Espírito no vínculo da paz.* (Efésios 4.1-3)

Mansidão

Já a mansidão é o ato de não ser movido por inquietação, e, sim, por pacificidade e suavidade. Jesus mesmo disse: "Tomem sobre vocês o meu jugo e aprendam de mim, porque sou manso e humilde de coração; e vocês acharão descanso para a sua alma" (Mateus 11.29). Só encontraremos o verdadeiro descanso quando colocarmos n'Ele todo o jugo pesado que carregamos. Assim, seremos movidas por fé, e não por medo.

Ser mansa como o Mestre é reconhecer que precisamos do Senhor para mudar o nosso imediatismo e autossuficiência. Há uma grande recompensa ao agirmos assim: "Bem-aventurados os mansos, porque herdarão a terra" (Mateus 5.5).

Retidão

Retidão é agir de acordo com a Lei de Deus. Jesus age dessa forma, segundo a justiça do Pai (cf. Salmos 9.8), então, nós, como filhas, também precisamos refletir uma vida de obediência aos Seus mandamentos. Por várias vezes, o mundo tentará ditar como devemos conduzir as nossas ações e os nossos hábitos, por isso aqui vai uma dica:

permaneça atenta e seja intencional em sempre buscar as respostas na Palavra.

Ter um caráter envolto em retidão é ser fiel às Escrituras, influenciando as pessoas em todos os lugares por onde passar, e não o contrário. Uma vez que refletimos o caráter de Cristo, temos de iluminar cada canto do mundo com as verdades de Deus e ser luz para as esferas da sociedade. Não importa o quão corrompido seja o ambiente em que trabalha ou estuda, se você estiver lá, deve haver postura de retidão, segundo a justiça do Senhor.

Verdade

Existe algo a que devemos nos apegar sem medo e que é a essência da vida de Jesus: a Verdade. Além de ser o nosso referencial sobre quem Cristo é (cf. João 14.6), ela também nos guia para caminhar nas palavras de Deus sem temer. É por meio da Bíblia que iremos discernir esse aspecto do caráter do Senhor: "Santifica-os na verdade; a tua palavra é a verdade" (João 17.17). Assim, quando estivermos alicerçadas nela, seremos libertas, e teremos os nossos olhos abertos para as coisas eternas (cf. João 8.32).

Pureza

A pureza é mais uma característica inegociável para os filhos de Deus. É importante que você saiba que, independentemente do que tenha feito no seu passado quando ainda não O conhecia, Ele já a perdoou, esqueceu-Se das suas transgressões e lhe deu uma nova vida em um caminho renovado (cf. Isaías 43.25).

Jesus ensina, no Sermão do Monte: "Bem-aventurados os limpos de coração, porque verão a Deus" (Mateus 5.8), isso significa que a pureza nos prepara para contemplar o nosso Amado e nos ajuda a colocar o coração no lugar certo. Ou seja, ela não se resume apenas a ações corretas; trata-se de um posicionamento de coração limpo perante o Pai, como resposta ao amor que nos foi derramado — afinal, depois de ser adotada pelo Senhor, corresponder à Sua entrega torna-se um ato irresistível.

Paz

Lendo os evangelhos, você deve ter percebido que Jesus sempre teve a conduta paciente para ensinar os discípulos e corrigir as pessoas. Ele sabia o tempo certo para fazer cada uma dessas coisas. A paz que tanto se busca atualmente é o estado de calmaria, de confiança, de deleite e de total descanso no Pai; e, por meio do Filho, temos acesso ilimitado a ela. A Palavra diz, em João 14:

> *Deixo com vocês a paz, a minha paz lhes dou; não lhes dou a paz como o mundo a dá. Que o coração de vocês não fique angustiado nem com medo.* (v. 27)

Ou seja, uma vez que ela já nos foi disponibilizada por Cristo, nós não precisamos procurá-la em outros lugares. Na verdade, por ser uma realidade do Reino, buscá-la em coisas externas é perda de tempo: o único lugar perfeito e de plena paz no qual a nossa alma pode descansar é Jesus. Encontre-O, e a paz estará lá!

Amor

Agora, veremos a característica que é a base de todas as outras: o amor. O que dizer da maneira como Jesus demonstrou todo o seu amor, não é? A Bíblia, mais uma vez, pode nos ajudar a entender:

> *Nisto conhecemos o amor: que Cristo deu a sua vida por nós; portanto, também nós devemos dar a nossa vida pelos irmãos.* (1 João 3.16)

CAPÍTULO 05

É louco pensar que o amor só pode ser expresso se todas as outras características tratadas aqui estiverem alinhadas, pois sem **humildade**, não poderemos nos esvaziar de nós mesmas para amar; sem **mansidão**, não conseguiremos nos relacionar com o outro em amor, tratando-o com respeito, e não com grosseria; sem **retidão**, não teremos motivos para responder ao amor de Deus, movendo-nos em justiça e fidelidade às Escrituras; sem **verdade**, o amor se torna uma mentira, pois como falaremos de amor se nossa vida não testifica a genuína transformação que a própria Verdade fez? Sem **pureza**, o amor se torna vazio, tendo em vista que o amor de Jesus, que age em nós, é poderoso para nos conduzir a ações e escolhas que honrem o Reino de Deus; e sem a **paz**, seremos pessoas rancorosas e afrontosas, rejeitando, assim, o amor que nos salvou para agirmos em pacificação. Agir em amor é fazer o que Cristo fez e dar a nossa vida pelos nossos irmãos.

Jesus é apaixonante, não é?! Escreva aqui duas características do caráter de Cristo que você está desenvolvendo, e aquelas que ainda precisam ser aperfeiçoadas.

_____

_____

_____

_____

_____

CORAÇÃO EXPOSTO DIANTE DE JESUS

Para que o nosso caráter seja realinhado, precisamos reconhecer o lugar em que nos encontramos. Pode ser que você já caminhe com Jesus há anos, mas até hoje não tenha permitido que o Senhor entre em alguns cômodos sujos do seu coração, porque isso inevitavelmente a faria olhar para sua vulnerabilidade.

Se esse for o seu caso, não tenha medo! É preciso levar a totalidade do seu interior à luz, para que seja tratada e moldada pelo Espírito Santo. Então não tenha vergonha de expor a Ele cada parte confusa e escura que existe dentro de você. O Pai está interessado em lhe dar as lentes de Jesus para que a sua vida seja um testemunho vivo da graça e da verdade d'Ele.

O principal desafio que enfrentei para ter o meu caráter moldado, até aqui, foi o de ter de largar as minhas próprias convicções, abandonando "meu jeitinho de ser" e reconhecendo que preciso de ajuda para me tornar alguém melhor. Muitas vezes, nós somos mestres em romantizar os nossos defeitos e usá-los como desculpa para a nossa falha de caráter. Você alguma vez deve ter pensado: "Sou assim, sempre fui assim e não é agora que vou mudar", e certamente não é a única que já acreditou nessa ideia. Mas, ei, isso é mentira do Inimigo! O nosso estilo de vida precisa, sim, estar alinhado ao caráter de Jesus; tudo deve ser impactado por quem Ele é.

O Senhor sempre terá o melhor caminho, não nós. Em todo tempo, o jeito de agir do Mestre será mais confiável do que o nosso. A forma como o Filho trata as pessoas é, sem dúvidas, mais doce do que o modo como fazemos. É verdade que reconhecer que não sabemos nada, diante de Deus, é difícil, porque somos orgulhosas. Porém, quando a leveza e pureza de Jesus entram em contato com as nossas sujeiras, somos abaladas. Ele é a fonte!

Nossa cultura sempre dirá o contrário, não adianta! O mundo não suporta — e chega a considerar loucura — a forma de viver dos filhos. No entanto, há algo quero lhe dizer: ver Cristo me moldar, de pouco em pouco, é a melhor experiência que posso provar na vida. Sou grata a Jesus por tê-lO, não só como o meu Salvador, mas também como a maior referência de humanidade.

Paulo disse à igreja de Corinto: "Vocês são a nossa carta, escrita em nosso coração, conhecida e lida por todos" (2 Coríntios 3.2). Então imagine comigo: se hoje você se transformasse em um pedaço de papel e carregasse algo escrito em si — como aquelas garrafas com uma mensagem lançada ao mar em filmes de náufragos —, o que estaria registrado em suas linhas? Quais seriam as palavras grafadas? As pessoas se aproximariam mais de Jesus ou fariam o contrário? A mensagem, ao menos, citaria o nome d'Ele?

O Reino de Deus é anunciado quando vivemos a Palavra, e Paulo sabia muito bem disso. Exatamente por esse motivo, ele sempre enfatizava a importância de valorizar o estilo de vida segundo o caráter de Jesus Cristo. Esse versículo de 2 Coríntios me enche de grande temor e esperança, pois quanto mais pessoas me leem, percebendo o caráter do Mestre sendo aperfeiçoado em mim, maior a probabilidade de também quererem provar da água da vida que transforma (cf. João 4.13-14).

Aqueles que estão ao nosso redor nos leem todos os dias, mesmo que não percebamos. Portanto, valorize o sacrifício feito na Cruz, reconheça as suas fragilidades, pecados e ignorância, e renda tudo ao Senhor. Baseie-se na bondade de Deus para permanecer na caminhada, pois, se você tentar firmar-se em si mesma, acabará em uma grande queda, devido a todos os fardos acumulados. Lembre-se: **a forma de Jesus sempre será a melhor.**

> NÃO HÁ NADA QUE DEUS NÃO POSSA FAZER OU RECONSTRUIR EM NÓS.

Permita que a luz do Senhor atravesse todo o seu ser. Doerá, mas valerá muito a pena! Não há nada que Deus não possa fazer ou reconstruir em nós. O caminho para se parecer com Cristo é cheio de grande honra, uma vez que as marcas do próprio Jesus serão colocadas e vistas em nós. Exalar o bom perfume d'Ele precisa ser a nossa prioridade todos os dias, então deixe que o Espírito Santo a guie pelo melhor caminho, para que você se torne como Ele!

ORAÇÃO

Jesus, muito obrigada por me salvar e me libertar de mim mesma. Eu dou total liberdade ao Espírito Santo para me dizer aquilo que ainda preciso expor diante do Senhor. Eu agradeço por querer transformar o meu caráter de acordo com o Seu, e por não desistir de mim. Que grande privilégio é caminhar ao Seu lado!

Peço que me ensine a manter um coração sensível, que eu saiba discernir os tempos e comportamentos. Desvende os meus olhos para que eles possam encontrar os Seus e que, com o rosto descoberto, eu contemple a Sua beleza.

Venha e aperfeiçoe cada parte de mim. Quero ser como Você e amar sem precedentes. Quero me tornar uma pessoa cheia de humildade, mansidão, retidão, verdade, pureza, paz e amor. Por favor, venha me ensinar e me transformar.

Em nome de Jesus, amém!

NÃO BASTA CONHECERMOS AS ESCRITURAS E AS DISCIPLINAS ESPIRITUAIS, NÓS PRECISAMOS ANDAR CONFORME JESUS ANDOU.

Bia Jordão

06
INFLUÊNCIA E RELEVÂNCIA

INFLUÊNCIA E RELEVÂNCIA

A Bíblia relata em Mateus 26.36-50 que, cheio de tristeza e agonia pelo que viria, Jesus Se prostrou ao chão, em meio às árvores do Getsêmani. O coração do Rei dos reis estava ali — inteiramente vulnerável diante do Pai. Você consegue vizualizá-lO naquele jardim? Feche um pouco os olhos e tente vê-lO. Será que Ele estava com vontade de chorar enquanto orava? Será que Suas mãos estavam tremendo e o Seu coração estava acelerado?

> *Em seguida, Jesus foi com eles a um lugar chamado Getsêmani. E disse aos discípulos: — Sentem-se aqui, enquanto eu vou ali orar. E, levando consigo Pedro e os dois filhos de Zebedeu, começou a sentir-se tomado de tristeza e de angústia. Então lhes disse: — A minha alma está profundamente triste até a morte; fiquem aqui e vigiem comigo. E, adiantando-se um pouco, prostrou-se sobre o seu rosto, orando e dizendo: — Meu Pai, se é possível, que passe de mim este cálice!* **Contudo, não seja como eu quero, e sim como tu queres**. (Mateus 26.36-39 – grifo nosso)

Se analisarmos o texto acima, dá para notar que Jesus não estava em um cenário muito lindo ou confortável, não é? Na verdade, Ele sabia que estava prestes a ser crucificado e a beber, imerecidamente, o cálice da ira de Deus. Mesmo assim, Suas palavras diante do sofrimento que viria foram: "[...] Contudo, não seja como eu quero, e sim como tu queres" (v. 39). Foi nesse momento, no qual Cristo Se desfez de toda a Sua glória, que a grandeza do Pai foi revelada à humanidade (cf. Filipenses 2).

CAPÍTULO 06

Percebo que a nossa geração se acostumou a tomar decisões a partir de uma análise natural das situações e das próprias emoções. Em vários momentos da nossa jornada, pensamos: "**Se** as condições me agradam, então irei por esse caminho" ou "**Se** eu vejo cada parte do solo que vou pisar, parece uma direção favorável a seguir". Mas, de acordo com a Bíblia, não é bem assim que as coisas deveriam funcionar! Os propósitos de Deus não cabem nos nossos "**se**".

> **Tire um tempo para analisar as suas últimas orações. Será que elas têm sido egoístas e se tornaram uma lista de pedidos e reclamações? Ou elas têm se parecido com as orações de Jesus, em que a vontade do Pai é priorizada, independentemente das circunstâncias?**

Foi a obediência de Cristo que nos deu livre acesso a Deus (cf. Hebreus 5.7-9). Que grande privilégio! Diante de uma situação tão dolorosa e difícil, Ele orou ao Pai, e nós devemos seguir o Seu exemplo, rendendo ao Senhor todos os nossos passos e as nossas vontades. Ao fazer isso, seremos capazes de declarar, assim como Lutero: "Não sei por quais caminhos Deus me conduz, mas conheço bem meu guia".[1]

Acredito que não existiria maneira melhor de iniciar um capítulo sobre influência e relevância do que falando sobre o exemplo de Jesus e entendendo o nosso lugar nessa história. No fim, tudo o que temos ou fazemos é para a glória d'Ele.

---

[1] Citado por Luciano Subirá, *O agir invisível de Deus*, 2019, p. 115.

INFLUÊNCIA E RELEVÂNCIA

PROTAGONISTAS OU COADJUVANTES?

Vamos lá! Pense no filme mais clichê que você já assistiu. Pode ser aquele romance do seu streaming preferido ou algum bem bobo que viu na Sessão da Tarde; aquele em que a protagonista estuda numa grande escola, com armários coloridos e um ginásio dos sonhos, e namora um menino perfeito que, na maioria das vezes, é um vacilão. Também tem vários adolescentes descolados e um personagem bonzinho, que, geralmente, é amigo da protagonista e sempre dá os conselhos certos, mas ela nunca os escuta. Ele é um personagem meio apagado na história, que só aparece no filme quando a garota se mete em uma confusão e não sabe como resolver. Normalmente, sentimos dó dele e ficamos irritadas com a teimosia da protagonista. Aposto que conseguiu se lembrar de algum filme assim, não é?

Agora, talvez você me pergunte: "Tá, Bia, mas o que você quer dizer com isso tudo?". Leia novamente o parágrafo anterior, mas, dessa vez, enxergando-se como a personagem principal e o Senhor como o amigo dos bons conselhos. Conseguiu entender? Muitas vezes, até mesmo sem perceber, agimos como se fôssemos protagonistas desse filme chamado "vida" e colocamos Deus como um coadjuvante da "nossa" história. Alguém de quem lembramos ou a quem procuramos apenas quando as coisas apertam, pois Ele sempre está disponível para nós. Mas e se eu lhe disser que você não é a protagonista e que o foco da narrativa não é você? Nesse filme, o Senhor é o personagem principal e tudo o que acontece gira em torno d'Ele, não de nós. **A história é sobre Deus e Sua majestade, e nós apenas participamos disso com Ele.**

Quando mudei a perspectiva sobre o lugar que Jesus deveria ocupar na minha vida, comecei a reparar na forma como as pessoas que me acompanham nas redes sociais me abordam na rua. Antes da minha conversão, recebia muitos elogios relacionados à minha aparência ou profissão, e sempre me pediam fotos. De certa maneira, acabei me acostumando com esses pedidos e considerava normal ser o centro das atenções. Porém, hoje em dia, 80% daqueles que me abordam, mudaram a forma de falar comigo. Agora, fazem perguntas sobre o meu relacionamento com Deus ou me param, euforicamente, para falar que começaram a ir à igreja porque perceberam a transformação que Cristo fez em minha vida. E posso lhe confessar algo? É tão mais prazeroso não conversar sobre mim, e sim sobre o Senhor! Poder criar conexões reais com aqueles que me acompanham e influenciá-los a seguir os passos de Jesus é muito mais valioso.

Caminhar com Deus é completamente diferente de somente querer que Ele ande conosco. Achou confuso? Calma! Na verdade, é bem simples: não é o Senhor que deve Se encaixar em nossa vida ou agenda lotada. Nesse exato momento, existem milhares de anjos que estão louvando o Seu nome incansavelmente, o Pai não precisa implorar para que façamos o mesmo. Nós, em nossa extrema dependência e amor por Deus, devemos enxergar o privilégio que é poder caminhar com o Ele, e ainda participar do que está fazendo na Terra.

ORELHAS FURADAS

Em Romanos, Paulo fez questão de expor que era servo de Cristo Jesus (cf. Romanos 1.1), e essa palavra "servo", no original, é *doulos*, que significa: escravo, aquele que foi comprado por um preço, pertence ao seu senhor e se rende às vontades do outro. O apóstolo tinha alegria em ser conhecido dessa forma, porque não trabalhava para alguém carrasco. O Senhor de Paulo deu a vida por ele, além de comprá-lo com Seu próprio sangue e conquistá-lo com Seu amor imensurável. Ser servo de Cristo não é somente um posicionamento de humildade, como também de **grande honra**.

Antigamente, um escravo hebreu trabalhava durante seis anos para o seu senhor e no sétimo ano ele tinha de ser liberto. Acontece que existiam alguns servos que não desejavam essa liberdade e se desfaziam de seu direito, dizendo: "Eu amo o meu senhor. Desejo servi-lo pelo resto da minha vida". Então, como símbolo de que aquele escravo pertencia a alguém, o dono furava as orelhas dele e, a partir disso, o servo se tornava seu para sempre (cf. Êxodo 21.2-6; Deuteronômio 15.12-18).

Nós, assim como Paulo, servimos a um Senhor que nos ama e que pagou alto preço para termos liberdade. Uma vez que entendemos isso, estar na posição de serva de Cristo já não é mais um fardo, mas um grande privilégio. Jesus não quer que nos sintamos obrigadas a servir-Lhe por causa de algum tipo de contrato. Ele quer que desejemos, verdadeiramente, estar ao Seu lado e que a nossa prioridade seja sempre a Sua vontade.

Como comentei no capítulo 4 deste livro, obedecer a Deus queima em meu coração e, sendo bem vulnerável, muitas vezes me autossabotei e me frustrei por Lhe desobedecer. Por meio desses altos e baixos, o Senhor me fez enxergar que existe um processo para permanecer em obediência. Não é algo que acontece do dia para a noite, porque precisamos nos posicionar, diariamente, para permanecer nesse lugar. Então se você acha que as suas pernas estão muito bambas na fé e que o seu coração ainda erra demais, persista! Permaneça na busca pelo Pai e deixe que Ele a transforme!

Algo muito importante que precisamos entender é que nós somos um ser trino: somos um espírito, temos uma alma (mente, vontade e emoções) e habitamos em um corpo. Quando nascemos de novo, o Senhor troca o nosso espírito velho e a nossa natureza mortal, e nos dá um novo espírito, que está conectado a Ele (cf. Ezequiel 36.26). O que não podemos esquecer é que o nosso corpo e a nossa alma continuam os mesmos, ou seja, nós somos responsáveis por renová-los diariamente por meio da Palavra (cf. Salmos 119.9-11; 2 Timóteo 3.16-17). Quanto mais tempo investimos lendo as Escrituras, mais somos transformadas e levadas a conhecer a vontade do Pai de maneira clara.

CAPÍTULO 06

> Você percebeu como nós precisamos do Senhor até mesmo para Lhe obedecer? Agora, quero convidá-la a ser honesta consigo e refletir: eu entendo o que é uma vida de obediência ao Pai? Eu desejo obedecer-Lhe com tudo o que sou? Se essa ainda é uma questão difícil para você, volte para o capítulo 4 deste livro e medite sobre esse tema mais uma vez. Buscar o centro da vontade de Deus jamais será perda de tempo!

GUARDANDO O CORAÇÃO

Em 2021, logo após a minha conversão, tive uma conversa com um amigo, e suas palavras me marcaram bastante. Ele me fez a seguinte pergunta: "Bia, se o Senhor pedisse para você apagar todas as suas redes sociais e largar a sua profissão hoje, você obedeceria?". Na hora, eu travei. Senti todo o meu corpo ficar tenso e os meus olhos se arregalaram um pouco. Aquele tipo de coisa nunca havia passado pela minha mente. Que tremenda loucura seria! Ele me perguntou mais uma vez, e eu, com os olhos cheios d'água por entender a profundidade do questionamento, respondi que não. "Então Deus não é a sua prioridade", foi isso o que ouvi em seguida. Por mais que aquelas palavras tenham sido duras, ele estava certo! Eu precisava daquele confronto para enxergar que amava mais a minha influência do que o Senhor.

> **QUANTO MAIS TEMPO INVESTIMOS LENDO AS ESCRITURAS, MAIS SOMOS TRANSFORMADAS.**

INFLUÊNCIA E RELEVÂNCIA

Naquele dia, fui tomada por lágrimas de arrependimento e compreendi que eu tinha de tomar cuidado com a minha sede por relevância. O poder, a grandeza e a influência me tentavam a ser autossuficiente, pois cada elogio e aplauso me levavam para o egocentrismo. Durante os momentos de intimidade com Deus, Ele me ensinou, de maneira extremamente amável, como descer desse pedestal criado por mim e para mim.

Nos preciosos encontros no secreto, em que estávamos só nós dois, a minha visão deturpada e egocêntrica foi sendo transformada, até que eu pudesse me enxergar com os olhos d'Ele. Por isso, hoje, é tão libertador poder estar aqui, contando para você que o Senhor restaurou a minha visão e tem me ensinado a guardar o meu coração.

Em Provérbios, no capítulo 4, está escrito: "De tudo o que se deve guardar, guarde bem o seu coração, porque dele procedem as fontes da vida" (v. 23). A palavra "coração", no original hebraico, é *leb* e representa muito mais que somente o órgão físico; tem a ver com nosso interior, mente, pensamentos, sentimentos e emoções.

Quando entendemos com clareza que somos um ser trino (corpo, alma e espírito), também compreendemos a necessidade de protegermos a nossa mente. Ela é o principal campo de batalha do Inimigo, uma vez que:

> *[...] Do coração procedem maus pensamentos, homicídios, adultérios, imoralidade sexual, furtos, falsos testemunhos, blasfêmias. São estas coisas que contaminam a pessoa [...].* (Mateus 15.19-20)

Ao protegermos a nossa mente, guardamos o nosso coração também!

CAPÍTULO 06

Como você tem cuidado do seu corpo, da sua alma e do seu espírito? Por exemplo, atividade física fortalece o seu corpo e a mantém saudável; ler bons livros e passar tempo com companhias agradáveis é um cuidado com a sua alma. Por fim, praticar as disciplinas espirituais (jejum, oração, leitura bíblica), de maneira intencional, alimenta o seu espírito e fortalece a sua fé. Após pensar um pouco sobre isso, preencha o quadro a seguir com os cuidados que você tem direcionado a cada uma dessas áreas.

CORPO	
ALMA	
ESPÍRITO	

INFLUÊNCIA E RELEVÂNCIA

Certa vez, depois de escutar algo sobre Efésios 6, a importância de guardar o coração ficou ainda mais clara para mim. Nesse trecho da Bíblia, está descrita a armadura espiritual, e eu me lembro que, quando ouvi sobre cada uma das partes, minha atenção se voltou para um detalhe: o cinturão da verdade é responsável por prender a couraça da justiça. Os nossos órgãos vitais, incluindo o coração, são protegidos por essa couraça, ou seja, para que haja proteção é necessário que, primeiro, nós nos apossemos das verdades e das convicções de Deus.

> **AO PROTEGERMOS A NOSSA MENTE, GUARDAMOS O NOSSO CORAÇÃO TAMBÉM!**

Não podemos tratar esse assunto como brincadeira ou como algo banal. Precisamos nos posicionar! O Senhor vê o nosso coração como algo extremamente precioso e temos de enxergá-lo da mesma maneira, porque assim como a água reflete o nosso rosto, o nosso coração reflete quem somos (cf. Provérbios 27.19). O que o seu interior tem refletido? Você tem transparecido o amor e a pureza de Deus ou pensamentos egoístas e impuros? Se expomos o nosso coração à luz das Escrituras, nossas falas e ações irão, com toda certeza, resplandecer quem o Senhor é (cf. Mateus 5.16).

Agora, convido você a orar intencionalmente em relação ao seu coração! Peça a Jesus que gere em você a consciência da real importância de guardá-lo nos átrios do Altíssimo e que as verdades da Palavra de Deus sejam escritas nas tábuas do seu coração. Registre a sua oração no espaço a seguir.

CAPÍTULO 06

▶

ALINHANDO A VISÃO

O livro de Ester sempre me ensina muito sobre duas características: a influência e o senso missional. Ela era uma "candidata" completamente improvável para se tornar a rainha da Pérsia e salvar a vida de toda uma nação, porém, ao lermos essa história, vemos que, com a graça divina, ela foi exaltada à mais alta posição.

Ester era uma mulher que não tinha nada — nem mesmo pais —, mas, naquele momento, ela se viu diante de várias oportunidades. A influência a fez viver uma vida completamente diferente da que teve até ali. Agora, aquela jovem tinha todos os despojos do reino para desfrutar e morava no palácio do rei. Ela poderia facilmente ter negociado os seus valores e o seu Deus, não é mesmo?

INFLUÊNCIA E RELEVÂNCIA

A rainha sabia quem era o seu Senhor e que Ele havia dado aquela posição a ela. Isso ficou ainda mais claro quando Ester ouviu que os judeus estavam passando por grande aflição, e Mardoqueu (seu primo) a fez refletir sobre o motivo de ela ter tanta influência: "[...] Quem sabe se não foi para uma conjuntura como esta que você foi elevada à condição de rainha?" (Ester 4.14).

Essa mesma reflexão também é nossa responsabilidade hoje, pois Deus derramou sobre cada uma de nós certa medida de influência, dons e habilidades, e nós precisamos entender o motivo de Ele nos confiar tanto. A. W. Tozer escreveu: "[...] Não temos direito algum de querer levar crédito pelas nossas habilidades especiais, assim como não temos por nossos olhos azuis ou por nossa forte estrutura óssea [...]"[2], já que tudo o que temos é d'Ele.

Você já parou para pensar o motivo pelo qual Jesus deseja transformá-la? Será mesmo que é somente para que se torne um ser humano melhor? Não se engane! Existe uma missão e um propósito para os quais fomos chamadas. Todas as ferramentas que temos em nossas mãos, na verdade, nem são nossas, mas foram dadas a nós gratuitamente por causa da graça do Senhor — exclusivamente para glorificá-lO.

Então erga os olhos e amplie a visão, não a limite ao seu umbigo e às suas mãos. O Pai deseja nos moldar para que, a partir de nós, uma transformação também seja gerada na vida daqueles que estão ao nosso redor. Percebe a diferença? Consegue entender que o nosso senso de missão nos mantém em um lugar equilibrado e seguro? É nele que entendemos que a visão do Reino é aquela que prevalece.

A visão ampliada da realidade do Reino de Deus precisa ser o que equilibra a nossa relevância aqui na Terra; caso contrário, nós cairemos. Quando o nosso desejo de sermos vistas se torna maior do que essa direção, deixamos a missão que nos foi dada de lado e tornamos a nossa influência e as nossas habilidades maiores do que Aquele que as colocou em nós.

---

[2] A. W. Tozer, *Em busca de Deus*, 2023, p. 38.

CAPÍTULO 06

Ester, por ter os seus olhos abertos por Mardoqueu, entendeu que a bênção que o Senhor havia colocado em suas mãos fazia parte de um plano maior. Ela se deu conta de que o lugar em que estava não era para que somente desfrutasse das riquezas e delícias do reino, mas, sim, para que o nome de Deus fosse glorificado. Por causa do posicionamento obediente e corajoso de Ester, o Senhor a usou para salvar uma nação inteira.

Ainda no capítulo 4 de Ester, no versículo 16, lemos que ela convoca todos os judeus que estão em Susã para um jejum coletivo. Particularmente, considero esse o trecho mais lindo do livro, porque, por meio dessa fala, ela nos mostra que somente a influência não é suficiente. Precisamos, constantemente, da intervenção e do favor de Deus. **A nossa influência não é nada comparada à grandeza do Senhor, porque, de fato, o que nos mantém bem perto d'Ele é uma vida de completa dependência de Sua ação em nosso meio.**

O Pai nos chama para que, assim como Ester, possamos desfrutar dos prazeres do Seu Reino, mas, ao mesmo tempo, Ele nos lembra de que o convite para o grande banquete do Rei não é só para mim ou para você, é para todo aquele que n'Ele crê. Você pode almejar influência na área que o Senhor lhe entregou! Isso é precioso e o mundo precisa de meninas posicionadas, que entendem o seu papel no Reino. Só não permita que nada tome o lugar do Rei em seu coração! Tudo o que temos é d'Ele e para Ele!

Tire um tempo para meditar no capítulo 4 de Ester e convide o Espírito Santo para esse momento. Peça que Ele revele algo novo a você e que transforme a sua maneira de pensar e agir. Depois, escreva no espaço a seguir tudo aquilo que Ele falou ao seu coração. ▶

INFLUÊNCIA E RELEVÂNCIA

ORAÇÃO

Jesus, muito obrigada por, mesmo na minha infidelidade, permanecer sendo fiel! Obrigada por Seu amor demonstrado por meio do sacrifício naquela cruz e por me permitir ter livre acesso ao Pai.

Quero estar no centro da Sua preciosa vontade. Que o meu único e maior desejo seja viver na casa de Deus, contemplando a Sua bondade!

Sou completamente dependente do Senhor, e preciso de ajuda até mesmo para amá-lO. Ensine-me a guardar o meu coração em Você, porque eu sei que não há lugar melhor para ele estar. Leve-me a um nível de maior intimidade e profundidade, para que a Sua glória seja revelada e me transforme.

Pai, encha a mim e a minha geração com o Seu Espírito de tal maneira que, assim como em Atos 4.31, comecemos a anunciar corajosamente a Sua Palavra, a ponto de que nada e ninguém possa nos parar. Venha e seja tudo em minha vida!

Em nome de Jesus, amém!

FOI A OBEDIÊNCIA DE CRISTO QUE NOS DEU LIVRE ACESSO A DEUS.

Stefany Vaz

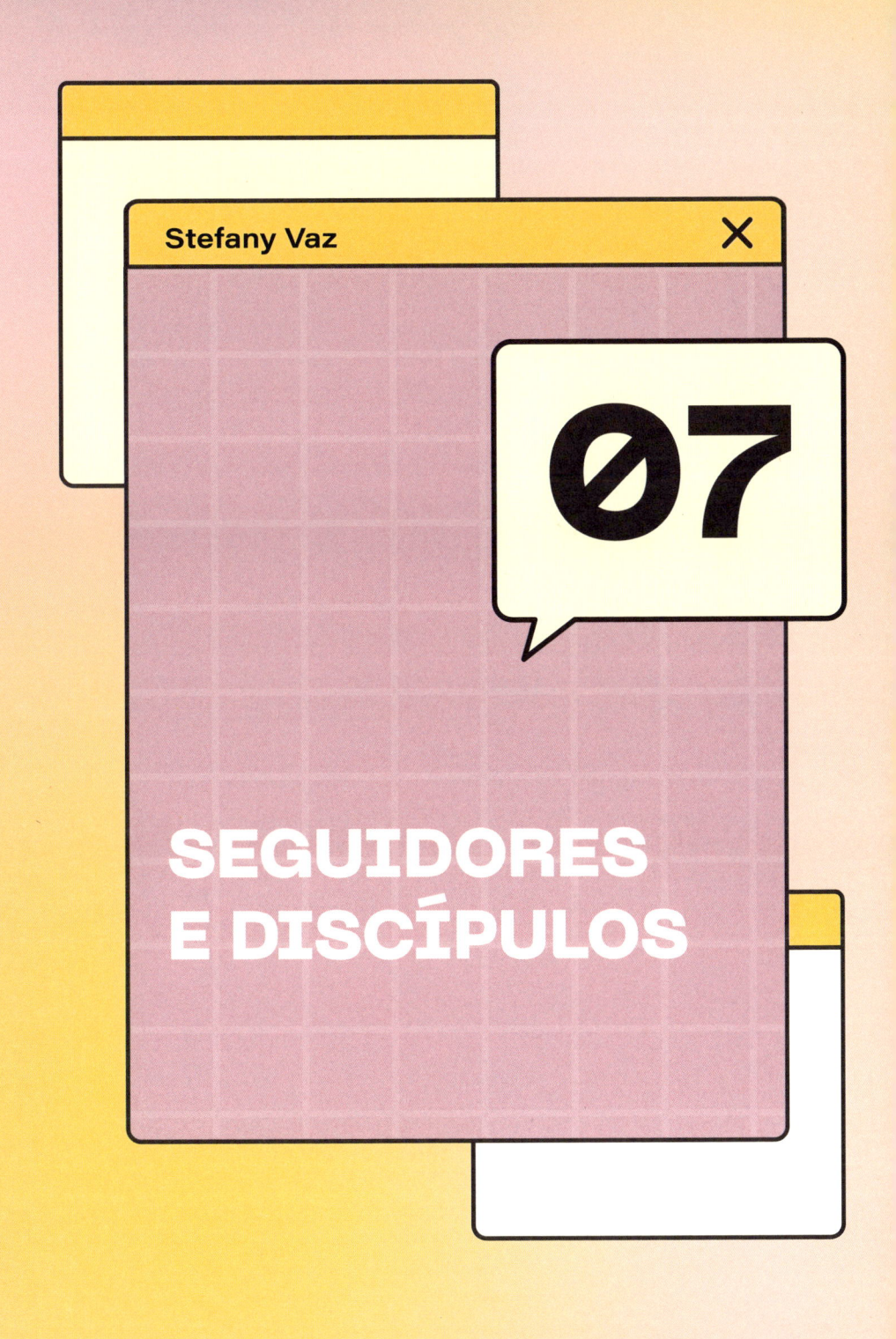

07

SEGUIDORES E DISCÍPULOS

SEGUIDORES E DISCÍPULOS

As palavras "seguidor" e "seguidores" se tornaram extremamente comuns para nós nos tempos de hoje. Seguimos as pessoas, somos seguidas por elas e, por vezes, essa dinâmica até parece uma troca de favores: "Se você me der *follow*, eu dou de volta", não é? Quanto maior o número de visualizações que alguém é capaz de obter, melhor. Acontece que a falsa sensação de que conhecemos uns aos outros devido ao que assistimos nas telas toma conta do nosso cotidiano cada vez mais e tem se tornado um padrão de "relacionamento" aceitável.

Ultimamente, eu venho me perguntando se a nossa relação com Deus não reflete um pouco dessa mentalidade também... Veja só: se Jesus estivesse em carne na Terra hoje, você acha que Ele buscaria por expectadores da Sua vida ou por verdadeiros imitadores dos Seus ensinamentos? Diante de tantos padrões sociais confusos, acho importante refletirmos sobre o nosso nível de intimidade com Ele.

Em determinado momento da minha vida, eu não conseguia enxergar a diferença entre seguidores e discípulos. Eu sabia que todo discípulo era um seguidor, mas não entendia o motivo pelo qual não se podia afirmar o contrário. Hoje, entendo que **ser um discípulo é comprometer-se a buscar a semelhança com o seu mestre**, e aí está a diferença! Isso significa que o discípulo observa as ações e palavras daquele que segue, desfrutando da oportunidade de aprender e ter seu caráter aperfeiçoado. Ele não está apenas olhando para o seu instrutor e tendo-o como referência, mas imita cada comportamento realizado e é moldado pelo exemplo.

CAPÍTULO 07

A BELEZA DE SER DISCÍPULO

Quando observamos os relatos do Novo Testamento, percebemos que o Senhor sempre estava rodeado por multidões. Pessoas de todos os lugares iam até Ele e se sentavam para ouvi-lO. Algumas delas O seguiam, e outras somente desejavam receber cura e libertação pela obra de Suas mãos. Temos como exemplo a mulher do fluxo de sangue. Ela apenas queria tocar o Senhor, porque tinha fé que seria curada (cf. Marcos 5.24-34); por isso, não mediu esforços para atravessar a multidão e, assim, chegar até Cristo.

Era perceptível que Jesus tinha muitos seguidores e atraía milhares de homens e mulheres por onde passava. Só que existiam aqueles que queriam algo mais do que somente ouvir ou ver o Mestre, e esses não eram muitos. É claro que o Senhor Se preocupava com os Seus seguidores e desejava derramar bênçãos sobre eles. Porém, entre tantos, Cristo separou apenas doze homens para caminharem ao Seu lado durante todos os Seus dias na Terra. Os discípulos dormiam, comiam, choravam e se alegravam com o Mestre. Diferentemente da multidão, eles conheciam Jesus como ninguém, e o Senhor sondava o coração de cada um deles profundamente.

Os Doze não se contentaram em apenas ver Jesus passar, mas quiseram acompanhar e ajudar o Senhor como verdadeiros amigos. Já pensou que privilégio? João, Pedro e Tiago, por exemplo, testemunharam o Mestre em Seu momento de maior dor (cf. Marcos 14.32-33) e foram aqueles que cuidaram da Sua Igreja nos primeiros dias. Tudo o que esses homens faziam apontava para Aquele que seguiam, de modo que as pessoas facilmente reconheciam que eles andavam com Cristo (cf. Lucas 22.54-59).

Em Atos 4, a Bíblia narra um episódio que demonstra como é impossível não notar quando alguém é um discípulo de Jesus. Nessa ocasião, depois da crucificação e ressurreição, os dois discípulos foram colocados diante do Sinédrio para serem acusados de falsos ensinamentos. Eles, então, encontraram-se cheios do Espírito Santo, e, quando argumentaram, os sacerdotes, "[...] sabendo que eram homens iletrados e incultos, ficaram admirados; e reconheceram que eles haviam estado com Jesus" (Atos 4.13). Como meros pescadores sem estudo souberam falar tão bem sobre todas aquelas questões? Certamente estiveram com Cristo!

Por três anos, andaram e aprenderam a falar como Ele; passaram tanto tempo absorvendo cada frase do Mestre, que de forma natural se comportavam e pensavam de maneira semelhante; era inevitável. Entre todos, porém, existia o discípulo que era tão íntimo do Senhor a ponto de recostar-se em Seu peito (cf. João 13.23). Quando imagino João, penso em uma pessoa bem grudenta, sabe? Que não largava Jesus por nada e queria fazer absolutamente tudo com Ele. Esse homem, que se considerava o mais amado (cf. João 21.20), apresentava um coração completamente aberto ao Senhor, pronto para ouvir os segredos do Alto. Acredito que tenha sido por causa disso que João recebeu a revelação de como Jesus Se apresentará no Grande Dia, registrada em Apocalipse — que valioso!

Você percebeu que Cristo é o mesmo para todos esses grupos de pessoas? Na realidade, o que muda é a intensidade da busca de cada um e a sensibilidade do coração. O Senhor não muda, mas sempre tem algo novo e precioso para entregar a cada um de nós.

Agora que já sabe a diferença, em qual dos grupos você acredita estar? Seguidores (multidão) ou discípulos? Circule a seguir e escreva qual o desejo do seu coração. Se acha que ainda só observa o Mestre de longe, diga como quer se aproximar. Se já está perto, mas deseja deitar-se em Seu peito, declare isso a Ele.

▶

CAPÍTULO 07

SEGUIDORA X DISCÍPULA

SEGUIDORES E DISCÍPULOS

DISCIPULADO EFETIVO

Vimos que o discipulado era integrado à vida de Jesus, mas também foi estendido aos doze discípulos e continua em nossos dias. O Senhor nos deixou um comissionamento valioso:

> [...] *Toda a autoridade me foi dada no céu e na terra. Portanto,* ***vão e façam discípulos de todas as nações****, batizando-os em nome do Pai, do Filho e do Espírito Santo, ensinando- -os a guardar todas as coisas que tenho ordenado a vocês. E eis que estou com vocês todos os dias até o fim dos tempos.* (Mateus 28.18-20 – grifo nosso)

A primeira coisa que precisamos entender é que fazer discípulos é uma ordenança de Jesus, não algo opcional e que gera autopromoção. É por esse motivo que também devemos prestar atenção nesta parte da passagem: "**ensinando-os a guardar todas as coisas que tenho ordenado a vocês** [...]" (v. 20 – grifo nosso). O discipulado deve sempre apontar para o Filho, não para nós mesmas. É como uma constante ação em cadeia, na qual um discípulo é formado e, automaticamente, chamado para gerar outros novos, dando continuidade ao ciclo. Além de esse ser o modelo que Jesus deixou para nós, também se tornou o lugar de crescimento saudável do Corpo de Cristo.

O discipulado pode ser resumido em nada mais nada menos do que aquilo que Paulo disse em 1 Coríntios 11.1: "Sejam meus imitadores, como também eu sou imitador de Cristo". Esse versículo aponta para um discipulado efetivo, no qual Cristo é o único modelo e caminhar sob uma liderança é essencial.

Como já abordei no capítulo 3, Jesus nos perdoa, porém a cura somente se concretiza quando confessamos uns aos outros. Por isso, é importante termos um líder maduro — e em quem confiamos — acompanhando-nos na jornada com Jesus, a fim de que o caráter do Filho seja aperfeiçoado em nós, e a cura seja estabelecida na vida em comunidade. Precisamos de alguém que enxergará além dos nossos problemas, apontará uma solução baseada na Palavra de Deus e irá nos corrigir e nos confrontar porque nos ama.

Igreja local

Onde podemos encontrar alguém assim? A resposta é mais simples do que pensamos: a sua igreja local é a porta de entrada. Na comunidade em que congregamos, fazemos parte ativa do Corpo e conhecemos pessoas que estão em busca do mesmo propósito: cooperar para que Jesus seja conhecido! Ele Se entregou para que tivéssemos vida e deixou a Igreja como a principal forma de estabelecer o Seu Reino na Terra. Ou seja, o discipulado começa em nós e transborda para fora, e não o contrário.

Acredito que você já tenha ouvido, muitas vezes, comentários do tipo: "Eu sou a igreja, não preciso congregar em algum lugar" ou "Não preciso de alguém para prestar contas dentro da igreja; posso fazer isso sozinha". Cuidado! Essas afirmações são uma mentira do Inimigo. A Palavra de Deus nos alerta:

> *Não deixemos de nos congregar, como é costume de alguns. Pelo contrário, façamos admoestações, ainda mais agora que vocês veem que o Dia se aproxima.* (Hebreus 10.25)

Então *WATCHOUT*[1]! Não caia na armadilha de querer andar sozinha, pois as Escrituras são claras: o Corpo de Cristo não é composto apenas por pernas, mãos, braços ou orelhas separadamente, mas funciona com todas as partes bem ajustadas à cabeça, que é Cristo (cf. 1 Coríntios 12.12). Ele dá os comandos; o restante dos membros e órgãos o seguem. É nesse lugar que o discipulado acontece!

Você precisa prestar contas a um líder que seja da sua igreja e possa acompanhá-la de perto, já que ambos terão o mesmo pastor e, consequentemente, estarão submetidos à mesma visão. É como se a

---

[1] *Watchout* significa "fique alerta", em português.

igreja local fosse uma escola. Não faria sentido estudar em um colégio militar e procurar aulas por fora com um professor de escola particular, porque as regras e metodologias seriam diferentes. Sim, os dois estariam ensinando a mesma coisa sobre matemática e geografia, mas as visões seriam distintas.

Antes de começar a congregar na Zion Church, eu nunca tinha prestado contas a ninguém a não ser aos meus pais. Por causa disso, tinha muita dificuldade em me abrir para as pessoas. Hoje, entendo que o meu posicionamento dificultava o meu crescimento em determinadas áreas. Eu preferia permanecer na minha zona de conforto; mas isso mudou quando fui, pela primeira vez, à Dunamis Farm. Lá, reencontrei uma conhecida que não via há anos; batemos um bom papo e, durante a conversa, ela me perguntou: "Você está sendo acompanhada por alguma liderança?". Eu neguei e expliquei as minhas dificuldades em relação a isso, e ela logo me aconselhou, dizendo: "Comece a orar pela pessoa que estará com você nessa jornada com Cristo, e espere, porque certamente o Senhor irá conectar vocês". Decidi, então, seguir o direcionamento dela e orei por algumas semanas.

Graças à minha atitude, o Espírito Santo me fez entender que aquela mesma mulher seria a pessoa certa para me discipular. Logo marcamos de tomar um café, conversamos bastante e escutei, diretamente de sua boca, que o Senhor também lhe havia revelado que ela me acompanharia nessa jornada. Foi maravilhoso perceber que Ele cuidou de cada detalhe e fez isso antes mesmo que eu pedisse. O agir de Deus é sempre perfeito e nos conduz ao centro da Sua vontade, portanto não tenha medo e apresente em oração a necessidade de um discipulado. Afinal, para crescermos em intimidade com o Pai, é indispensável que estejamos submetidas à liderança da nossa igreja local.

CAPÍTULO 07

Você já é discipulada por alguém? Se sim, cite as principais diferenças que notou em sua vida após o início desse processo. Se não, você já orou para discernir quem pode cumprir esse papel na sua vida? Escreva aqui.

Um coração ensinável

Quando comecei a ser acompanhada, precisei passar por uma longa caminhada até aprender a me abrir por completo. Uma das principais coisas que eu percebi nesse processo foi que eu deveria estar com o coração disponível para ser mudada. Sua discipuladora pode ser a melhor líder que já conheceu em toda a vida, mas se você não apresentar espaço para ser transformada, de nada valerá. Posso dizer isto por experiência própria: é muito doloroso, mas ser vulnerável gera algo mais profundo no nosso interior.

Como já lhe contei em outros capítulos, o DTS me trouxe vários aprendizados. Enquanto eu estava lá, aprender a me expor com os meus líderes do período prático foi um tremendo confronto. No começo, fui uma aluna um tanto difícil, porque eu não confiava nas pessoas e, consequentemente, achava que quem me liderava não podia me ajudar em questões pessoais. No *one-on-one* [2], eu falava somente aquilo que queria que enxergassem, mas, por medo, não abria o profundo da minha alma.

Em certo dia, a equipe inteira estava em um momento de intenso quebrantamento, no qual dois valores foram extremamente expressos: confissão e perdão. Enquanto estávamos sentados na sala, senti o meu rosto esquentar de tanto segurar as coisas que se encontravam no meu interior. Eu não queria, de forma alguma, demonstrar fraqueza ou abrir o meu coração! Todos compartilhavam suas dificuldades e liberavam perdão uns aos outros, quando, de repente, meu líder olhou para mim e me perguntou: "Stefany, você quer falar alguma coisa?".

Eu, sem pensar muito, comecei a dizer tudo o que explodia dentro de mim. Contei que não confiava neles e que não era uma boa amiga, já que sempre preferia permanecer isolada. É claro que eu poderia ter dito todas aquelas coisas apenas para a minha líder, mas havia guardado cada

---

[2] *One-on-one* significa "um a um", em português, e é um termo utilizado para atividades realizadas entre duas pessoas, geralmente com uma delas orientando ou ensinando à outra.

CAPÍTULO 07

detalhe do que pensava. Foi naquele momento que vivi a experiência extraordinária de abrir o meu coração, então fui curada. A partir disso, percebi o quanto o processo poderia ter sido mais leve se eu entendesse a importância do Corpo de Cristo desde o início.

Utilize este espaço para derramar o seu coração! Existe algo que você precisa colocar para fora? Há alguma confissão que tem medo de fazer? Escreva a respeito disso e procure os seus líderes para expor tudo o que há dentro de você. Existe cura no lugar de confissão e vulnerabilidade! Você é corajosa!

SEGUIDORES E DISCÍPULOS

Ainda sobre abrir o meu coração, lembro-me de uma vez em que eu estava compartilhando, com a minha discipuladora, algumas dificuldades e questões que havia passado há seis meses. Quando terminei de relatar o que acontecera, ela me disse: "Ste, você poderia ter me falado isso tudo quando começou, e eu teria lhe ajudado e aconselhado". Isso era algo muito óbvio, mas eu ainda estava vivendo o meu processo, aprendendo a me enxergar com parte de uma família na fé. Depois que falei tudo e me expus de fato, tive a sensação de andar mais uma milha do caminho.

Naquela mesma conversa, comecei a me lembrar de alguns acontecimentos que geraram dúvidas e medo dentro de mim, então senti que deveria contar tudo a ela. Uma das experiências que decidi compartilhar foi a de um dia em que eu estava muito nervosa em uma audição. Durante a apresentação, ouvi o Espírito Santo me dizer: "Stefany, você não precisa fazer tudo na força do seu braço; Eu estou aqui".

Eu chorei muito diante daquela situação, pois notei que estava lidando com a minha vida de uma forma muito pesada e solitária, achando que não tinha ninguém por perto. Quando compartilhei essa experiência com a minha discipuladora, ela me disse: "Que bom que Deus lhe falou isso, Ste! Você realmente precisa levar as coisas com mais leveza, nada deve ser um peso". Aquilo que o Espírito Santo havia me falado e os conselhos da minha discipuladora serviram como uma direção doce naquele momento. Eu estava tão preocupada, que não conseguia abrir o meu coração, e ela me ajudou e apontou uma nova forma de lidar com as minhas preocupações.

Hoje, consigo enxergar grande beleza no discipulado! É maravilhoso ver meus irmãos seguindo o mesmo Senhor, mantendo seus olhos fixos n'Ele, crescendo como família, sendo preenchidos de amor e aprofundando-se na Verdade.

CAPÍTULO 07

FACE A FACE COM DEUS

A grande questão é que uma vida com o Pai nos transforma e, consequentemente, afeta as pessoas ao nosso redor; ela não para em nós, mas transpassa o nosso ser! Quando vivemos integralmente diante do Senhor e entendemos que a Sua Presença é palpável a todo instante — e não apenas no nosso momento devocional ou quando estamos na igreja —, tudo muda! Existe uma expressão do latim para isso: *Coram Deo*, que significa "diante da face", ou "face a face com Deus".

Viver um discipulado genuíno, com todas as características que conversamos aqui, é viver *Coram Deo*. Em uma aula com a Pastora Zoe Lilly, ela nos deu o seguinte exemplo: imagine que você está na Farm (ou em alguma chácara ou fazenda) e vai praticar um esporte com os seus amigos. Você se suja, cai na lama e fica com cheiros desagradáveis também. Logo depois disso, é chamada para uma sala em que encontrará uma pessoa importante. Mas tem um detalhe... a sala é **completamente** branca. Cortinas, teto e chão, tudo é branco. Tem um sofá lá também, e sabe qual é a cor dele? Isso mesmo, ele é branco! No entanto, você precisa entrar nesse ambiente, mesmo estando toda suja depois do esporte. Como se sentiria? Como se portaria?

Para mim, essa é uma boa definição da nossa vida com o Senhor. Constantemente, somos chamadas para dentro de uma sala com Aquele que é o mais importante de todos: Deus. Quando acordo, Deus está lá; quando estou cozinhando ou trabalhando, Deus está lá; em qualquer momento da minha vida, Ele está lá!

Contudo, isso não deve ser algo estranho, porque quando nos tornamos amigas do Senhor, estar com Ele se torna o nosso maior

> **UMA VIDA COM O PAI NOS TRANSFORMA E, CONSEQUENTEMENTE, AFETA AS PESSOAS AO NOSSO REDOR; ELA NÃO PARA EM NÓS, MAS TRANSPASSA O NOSSO SER!**

desejo. Por exemplo, se estamos em qualquer lugar com pessoas que amamos, nós nos sentimos confortáveis e livres. Com o Pai é assim também! Quando lembramos que o Rei da glória está presente em cada momento do nosso dia, nós ficamos honradas! Essa perspectiva muda a forma como reagimos diante das situações.

Uma vida de *Coram Deo* confronta a nossa realidade com a do Reino. No momento em que comecei a entender o que era permanecer face a face com Deus, várias situações confrontadoras me foram apresentadas. Recordo-me de algo que vivi com uma amiga. Houve determinada situação em que ela se posicionou de uma maneira que eu não concordava, e logo a rebati, porque, segundo as minhas concepções, eu estava certa naquela ocasião. Nós não discutimos nem nada do tipo, mas, depois de uns 30 minutos, o Espírito Santo me confrontou, dizendo: "Vá pedir perdão a ela". Quando pensei em contestá-lO, Ele continuou: "Ela está tentando guardar a cultura do Reino tanto quanto você, e a maneira como você falou não estava certa". Na mesma hora, fui pedir perdão.

Além dessa, tiveram diversas outras situações em que o Senhor me puxou de volta para o caminho e me confrontou com a realidade dos Céus. O Espírito Santo sempre me diz: "Seja rápida em ouvir minhas direções e esteja disposta a quebrar o seu orgulho". É muito bom ter o Consolador durante todo o processo de discipulado e transformação. Nunca se esqueça de que Ele está com você! Quão maravilhoso é poder ter a presença de Deus o tempo todo, "pois um dia nos teus átrios vale mais que mil; prefiro estar à porta da casa do meu Deus a permanecer nas tendas da perversidade" (Salmos 84.10).

AMOR AO PRÓXIMO

A consciência da presença do nosso Pai deve gerar em nós um senso de responsabilidade para com os nossos irmãos. Não estamos ajuntando seguidores para nós, mas discípulos de Cristo. O Evangelho sempre aponta para o nosso Rei, portanto tudo o que fizermos deve condizer com o que Jesus faria.

CAPÍTULO 07

Certa vez, eu ouvi que existe a possibilidade de sermos o único ponto de contato com Cristo que uma pessoa terá em seu cotidiano. Vamos supor, então, que você esteja na aula e um amigo lhe peça para mentir ao professor. A princípio, a mentira até parece pequena. Você pensa: "as intenções são boas, não vai importar", mas, na verdade, não pode se esquecer de que vive *Coram Deo* e deve se recusar a tomar esse tipo de atitude. Afinal, a Palavra nos alerta sobre a mentira:

> *Vocês são do diabo, que é o pai de vocês, e querem satisfazer os desejos dele. Ele foi assassino desde o princípio e jamais se firmou na verdade, porque nele não há verdade. Quando ele profere mentira, fala do que lhe é próprio, porque é mentiroso e pai da mentira.* (João 8.44)

Sei que esse parece um exemplo simples, mas é assim que acontece no nosso dia a dia. Seu amigo, na hora, pode lhe falar que está sendo muito radical — que bom! — ou que você está se tornando um crente chato, mas talvez uma colega de classe veja o seu posicionamento e perceba que existe algo diferente em você. É a partir de momentos como esse que temos a oportunidade de plantar uma semente, permitindo que o Evangelho encontre aqueles que nos rodeiam.

> **A CONSCIÊNCIA DA PRESENÇA DO NOSSO PAI DEVE GERAR EM NÓS UM SENSO DE RESPONSABILIDADE PARA COM OS NOSSOS IRMÃOS. NÃO ESTAMOS AJUNTANDO SEGUIDORES PARA NÓS, MAS DISCÍPULOS DE CRISTO.**

Lembre-se: as nossas atitudes não afetam somente as nossas vidas.

Sempre devemos nos mover em amor ao próximo, por isso, é necessário buscar ter a perspectiva do Senhor sobre nossos irmãos e refletir: "O que o Pai pensa a respeito deles? Ele os condenaria? Ele faria isso?". Por vezes, nem mesmo a própria pessoa terá olhos

SEGUIDORES E DISCÍPULOS

compassivos para si, mas você pode ser um canal para que Deus Se revele a ela.

    Caso esteja discipulando alguém, isso se torna ainda mais importante. Uma boa liderança não tenta colecionar ovelhas, mas fica desesperada para apontar o caminho e fazer com que elas cheguem ao seu potencial máximo. Normalmente, bons discípulos são bons discipuladores; esta é a chave e a ordem: sejam discipulados e discipulem em amor!

ORAÇÃO

Senhor, quero cada vez mais caminhar ao Seu lado e refletir a Sua identidade! Não importa o preço que eu pague ou o que as pessoas dirão. Que os meus olhos estejam tão focados no Senhor, que nada mais me importe. Peço que o meu coração esteja alinhado com a Sua vontade, e que eu seja rápida em ouvir a Sua voz e dar passos de acordo com a Sua Palavra.

Também oro para que o Senhor gere uma urgência em mim e na minha liderança, a fim de que possamos zelar por um discipulado efetivo. Por favor, venha fazer as conexões certas e continue me transformando de glória em glória na imagem de Cristo. Ajude-me a cultivar um coração vulnerável e ensinável!

Em nome de Jesus, amém.

SER UM DISCÍPULO É COMPROMETER-SE A BUSCAR A SEMELHANÇA COM O SEU MESTRE.

Mylena Mariano

08

CHAMADAS
PARA FORA

CHAMADAS PARA FORA

Educação, artes, mídia e comunicação, política, economia e família; pode não parecer tão óbvio assim, mas **todas essas áreas da sociedade** devem ser alcançadas pela realidade do Reino e glorificar a Deus fora das quatro paredes da igreja! O caminhar com Jesus exige de nós o reconhecimento de que fomos chamadas para andar na contramão do mundo, ou seja, precisamos liberar vida quando o cenário for de morte; levar paz quando existir contenda; espalhar alegria quando a tristeza reinar e declarar força quando o desânimo tomar conta. Não estamos aqui para nos acomodar aos padrões desta Terra, afinal nós não pertencemos a este lugar (cf. João 17.16)!

Andar com Jesus, necessariamente, exigirá de nós uma sensibilidade maior para espalhar o que um dia cativou os nossos corações. Não lhe garanto que será confortável, porque, de fato, não será! Posicionar-se de maneira inversa a este mundo é desafiador, mas é uma honra sermos chamadas pelo Autor da vida para participarmos da manifestação do Seu Reino de justiça, paz e alegria (cf. Romanos 14.17-22).

SAGRADO X SECULAR

Temos a teimosa mania de separar "as coisas de Deus" daquilo que consideramos "as coisas do mundo" em nosso cotidiano. É como se pegássemos uma folha e traçássemos uma linha no meio, dividindo a vida em dois grandes grupos: **sagrado e secular**. Quer um exemplo? Muitas pessoas acham que o trabalho é algo que deve ser feito somente por necessidade, e acabam ignorando o fato de que Deus pode ser visto por meio das suas profissões. A verdade é que, sem perceber, levam a vida como se as suas demandas não tivessem influência espiritual

CAPÍTULO 08

alguma ou não carregassem qualquer importância para o Reino; olham para as próprias tarefas no meio profissional e decidem jogá-las para "o lado secular" da folha de papel. No entanto, sabemos que as coisas não funcionam assim!

Quando se trata de anunciar Cristo por meio de ações, indo além das palavras, costumamos deixar de lado algumas áreas — como trabalho, escola ou faculdade —, pois nos esquecemos de que Deus também está ali e Se importa com cada detalhe do que fazemos no nosso dia. Na realidade, é muito mais que isso! Ele não só Se importa, como anseia pela manifestação do Seu Reino nesses locais.

Ao segmentarmos a vida em secular e sagrada, perdemos a consciência de *Coram Deo*, e não permitimos que o Senhor seja exaltado na totalidade da nossa vivência humana. Então repito: não existe tal separação! O seu ministério, o seu serviço na igreja local e o seu momento devocional precisam estar conectados com o restante das suas ações no dia a dia, afinal **toda** a sua existência está rendida em adoração ao Pai, certo? Não faz sentido dedicar ao Criador apenas algumas áreas da nossa vida; antes, devemos derramar o nosso ser integralmente. Quando nos entregamos ao Senhor Jesus, somos separadas em santidade, e tudo o que fazemos alinha-se ao coração de Deus Pai, "**pois nele vivemos, nos movemos e existimos** [...]" (Atos 17.28 – grifo nosso).

Existe alguma área da sua vida que você ainda divide entre sagrado e secular? Escreva no espaço abaixo e esteja pronta para mudar isso!

_____

_____

Quebrar essa dicotomia é fundamental para, realmente, anunciarmos o amor que nos transforma por completo. Aquilo que consideramos "sagrado" vai atravessar todas as áreas das nossas vidas e tudo o que fizermos será para adorar o Senhor — até mesmo as coisas que consideramos simples e ordinárias. Jesus chegou, mudou tudo e, agora, estamos face a face com Ele! Por causa disso, creio que quando você pedir entendimento ao Pai e se posicionar, independentemente do lugar em que se encontre agora, a verdade da Palavra será expressa em todos os âmbitos do seu ser, inclusive nas ações cotidianas.

AS SETE ESFERAS

Imagine um território formado por sete montanhas bem grandes e altas. Cada uma delas tem seus próprios líderes, que definem o modo de agir, vestir, falar, comer etc. Agora, visualize todas essas montanhas juntas, formando uma única sociedade e cultura. Conseguiu pensar em como seria?

CAPÍTULO 08

Essa foi a ilustração entregue pelo Senhor a Bill Bright, da Cru Brasil[1], e a Loren Cunningham, fundador da JOCUM[2]. Por meio de uma visão, esses dois homens de Deus receberam o entendimento de que a sociedade estava dividida de um modo parecido, e que a formação da cultura do Reino poderia ocorrer de maneira sustentável, duradoura e efetiva se nós, cristãos, decidíssemos nos posicionar em todas estas sete áreas — ou esferas — de influência, que são: Família; Igreja; Educação e Ciência; Governo; Comunicação e Mídia; Artes e Entretenimento; e Economia e Negócios.

Vamos entender juntas cada uma delas?

Família

Essa esfera é a linha de frente de defesa das verdades do Reino de Deus e de ataque contra a imoralidade na sociedade, pois uma família saudável e bíblica vai refletir a realidade dos Céus. É um projeto formulado pelo Criador e incansavelmente atacado pelo Inimigo, desde os primeiros capítulos de Gênesis. No livro de Deuteronômio, o Senhor disse a Moisés:

> — *Ponham estas minhas palavras no seu coração e na sua alma. Amarrem-nas como sinal na mão, para que sejam por frontal entre os olhos. Ensinem essas palavras aos seus filhos, falando delas quando estiverem sentados em casa, andando pelo caminho, quando se deitarem e quando se levantarem. Devem escrevê-las nos umbrais de sua casa e nas suas portas, para que se multipliquem os seus dias e os dias de seus filhos*

---

[1] A Cruzada Estudantil e Profissional para Cristo, ou Cru Brasil, foi fundada em 1995 com o objetivo de oferecer orientação espiritual, recursos e programas destinados às pessoas de todas as culturas, a fim de prepará-las para a grande comissão e para o discipulado.

[2] Jovens Com Uma Missão, ou JOCUM, é um movimento internacional que reúne cristãos de diversas denominações, com o propósito de equipá-los para pregar o Evangelho.

> *na terra que o Senhor, sob juramento, prometeu dar aos pais de vocês, e para que esses dias sejam tão numerosos como os dias do céu acima da terra. Porque, se vocês de fato guardarem todos estes mandamentos que lhes ordeno, amando o Senhor, o Deus de vocês, andando em todos os seus caminhos, e sendo fiéis a ele, o Senhor expulsará todas estas nações e vocês tomarão posse de nações maiores e mais poderosas do que vocês.*
> (Deuteronômio 11.18-23)

Nessa passagem, Deus ordenou algo muito valioso ao povo: os ensinamentos divinos deveriam ser passados aos seus filhos e aos filhos de seus filhos, de geração em geração. As promessas do Senhor são multigeracionais e a família está dentro desse plano. Por isso, precisamos nos envolver nessa esfera para cumprir as palavras eternas.

O primeiro "campo missionário" no qual temos de atuar é a nossa casa, pois esse é o lugar em que os nossos familiares poderão atestar se temos um caráter realmente mudado e transformado pelo Senhor. A forma como nos comportamos em nosso lar pode revelar muitas coisas, já que a convivência diária derruba qualquer tipo de performance e deixa a nossa essência exposta. Então, se seus pais ou irmãos não conhecerem a Jesus, você tem a oportunidade de ser o instrumento para isso, seguindo o exemplo d'Ele ao falar, agir, amar e pensar.

> **AS PROMESSAS DO SENHOR SÃO MULTIGERACIONAIS E A FAMÍLIA ESTÁ DENTRO DESSE PLANO.**

Além de ser como o nosso Mestre, sonhar em formar uma família saudável também é importante para o Reino de Deus. Por isso, se existem expectativas no seu coração em relação ao seu futuro marido e filhos, coloque-as diante do Senhor, peça a Ele que lhe diga qual é o verdadeiro padrão de relacionamento familiar e descanse nas Suas palavras sobre isso!

CAPÍTULO 08

Igreja

A esfera da Igreja, palavra derivada do grego *ekklesia*[3], tem a responsabilidade de preparar todo o Corpo para efetuar o chamado entregue por Jesus: ir e pregar o Evangelho (cf. Marcos 16.15), gerando transformação na sociedade. Aqui, a adoração, comunhão e manifestação da presença impulsionam as pessoas a discipularem as nações. É por isso que quem se move nessa área capacita os de dentro para impactarem os de fora.

Esse é um conceito que não se enquadra somente a uma igreja local ou ao ambiente congregacional, mas está ligado ao Corpo de Cristo como um todo. Por esse motivo, existem pessoas específicas que são chamadas para atuar com maior influência nessa esfera. Que grande responsabilidade e honra é preparar a Noiva de Cristo para algo tão importante como o ide!

Educação e Ciência

Essa é uma das esferas que mais me cativa o olhar, e isso não significa que eu não me engaje nas outras, mas foi nela que já me movi de forma mais ativa. Ela transformou a minha perspectiva em relação às pessoas, por meio de experiências significativas que vivi com Deus no ambiente escolar. Foi nesse lugar que o Senhor semeou paixão por vidas em meu coração, e comecei a pregar a Palavra dentro de várias escolas na minha adolescência.

Lembro-me de que conseguia perceber claramente o vazio dos meus colegas por viverem longe do amor do Pai. Eles eram envoltos de dúvidas, angústias e constantemente se sentiam perdidos acerca da própria identidade. Como a adolescência precisa da nossa atenção! É uma fase de muita vulnerabilidade, na qual fazemos de tudo para estabelecer quem somos — exatamente por isso Satanás não se acanha em

---

[3] Um dos significados da palavra *ekklesia* é "reunião de cidadãos chamados para fora de seus lares para algum lugar público, assembleia".

nos atacar com todas as armas que tem. Mas nesse período da minha vida, pude entender que, independentemente das ferramentas que o Inimigo tente utilizar, a luz do Evangelho sempre será mais forte, basta que nos posicionemos para, de fato, amar as pessoas como o Senhor ama.

Assim também acontece em todas as outras áreas do meio educacional. Hoje, já estou na faculdade, e, da mesma maneira, vejo o quanto Deus tem pressa para encontrar os universitários. Os pensadores, líderes e profissionais da próxima geração estão sentados nas cadeiras das universidades, você entende a relevância disso? O Reino e o amor de Deus precisam entrar nesses lugares, e isso ocorre por meio daqueles que dizem: "[...] Eis-me aqui, envia-me a mim" (Isaías 6.8)!

Governo

A esfera do governo pode ser entendida como o ambiente político de determinado país, estado ou cidade. É de onde saem as leis e normas que regem um povo. Quanto mais houver uma liderança que ame as pessoas como Jesus amou, mais o povo provará da vida de Deus e, consequentemente, será atraído por esse amor. Na Bíblia, temos alguns exemplos de homens e mulheres que ocuparam altas funções governamentais e influenciaram essa esfera para a glória do Senhor, entre eles estão o Rei Davi, Daniel, José e Ester.

Mais do que nunca precisamos de pessoas engajadas nessa área para influenciar a sociedade por meio da política, ocupando cargos de interesse público e prezando pela luta e garantia de liberdade, justiça, ordem e paz. Dessa forma, os valores do Reino poderão alcançar o Brasil em grande escala. Para além disso, devemos nos lembrar de que o agir político é uma responsabilidade que temos como cidadãs; portanto, não pense que você precisa estar em um cargo "importante" para ser ativa nessa área. Votar de forma consciente e de acordo com os princípios bíblicos também é um modo de se envolver. Esteja por dentro do que acontece nesse âmbito por meio de notícias, busque saber mais sobre o assunto, e o mais importante: ore por sua nação e seus governantes (cf. 1 Timóteo 2.1-2).

CAPÍTULO 08

Ser uma pessoa bem informada é muito importante para que possamos nos mover de modo mais eficiente na sociedade, manifestando o Reino em todas as áreas. Você costuma acompanhar as notícias do Brasil e do mundo pelas redes sociais, pelos jornais ou por algum outro meio? Como acha possível identificar que essas fontes são confiáveis?

Comunicação e Mídia

Essa esfera é provavelmente a de maior alcance que temos, pois envolve, hoje, a internet. São os meios de comunicação, como rádio, televisão, revistas, jornais e redes sociais, que nos contam histórias e nos apresentam as notícias do que ocorre ao redor de todo o mundo. Esse meio é uma ferramenta para que diversas mensagens sejam transmitidas de inúmeros pontos de vista. Ou seja, eu posso contar a mesma coisa sob aspectos diferentes, trazendo esperança ou horror, alegria ou tristeza. Que grande poder existe nisso!

Em relação às redes sociais, geralmente vemos pessoas postando sobre os mais variados assuntos, mas a verdade é: **todas compartilham aquilo que reina em suas vidas**. Algumas postam todos os dias fotos e vídeos de festas e diversão, outras falam sempre sobre o trabalho e nada mais, por exemplo. Então não se engane ao pensar que aquilo que publicamos é somente uma postagem, sem qualquer intenção por trás, porque sempre existe uma mensagem sendo transmitida por meio daquilo que é compartilhado.

Por isso, "Quem tem reinado na minha vida?" ou "O que me faz querer postar isso?" são perguntas que sempre me faço para analisar se Deus realmente ocupa o trono em meu coração e se a minha motivação tem sido anunciar as Boas Novas. É claro que, além disso, precisamos entender que o nosso Instagram ou TikTok é, sim, um lindo campo missionário, mas não é o único. Não podemos nos limitar à internet para falar de Jesus! Aquilo que postamos e compartilhamos deve ser apenas uma extensão do que vivemos diariamente com Deus Pai!

Artes e Entretenimento

As artes e o entretenimento são meios que já foram muito menosprezados por nós como Igreja, mas, hoje, compreendemos que existe uma urgência para mudar esse pensamento, pois o Senhor deseja atingir essa área com as Suas verdades. É aqui que estão os músicos,

CAPÍTULO 08

estilistas, esportistas, atores, escritores, poetas e todos os tipos de artistas capazes de gerar conexão com a alma das pessoas e promover cultura. Existe um mover especial para declarar vida e profetizar, por meio do Espírito Santo, aquilo que está no coração do Pai para essa esfera.

Nosso Deus Se manifesta criativamente e nos dá dons e habilidades. Além disso, o Senhor deseja que essas expressões apontem para o Reino celestial e tragam para a Terra a realidade de quem Ele é. Aqueles que atuam nessa esfera têm o grande privilégio de se conectar com o coração e as emoções das pessoas de uma maneira muito direta, além de potencializar a beleza divina e o sublime. Você já imaginou o tamanho do impacto que seria causado se usássemos esses artifícios para manifestar a glória e natureza de Deus?

> **AQUILO QUE POSTAMOS E COMPARTILHAMOS DEVE SER APENAS UMA EXTENSÃO DO QUE VIVEMOS DIARIAMENTE COM DEUS PAI!**

Economia e Negócios

Essa esfera é o campo da administração de negócios, gestão de empresas, comércios, tecnologia e finanças. Sem ela, a sociedade não se mantém. Todos os recursos que temos são para a glória de Deus, incluindo as nossas finanças e tudo o que gira em torno delas. O Senhor precisa ser exaltado por meio do nosso trabalho e em cada detalhe que envolve essa esfera.

Você sabia que durante o ministério de Jesus, existiam mulheres que estavam na linha de frente das questões econômicas e financiavam as viagens missionárias d'Ele (cf. Lucas 8.1-3)? Pessoas que atuam nessa esfera podem movimentar e expandir o Reino de maneira direta, investindo financeiramente em projetos e causas, ou de maneira indireta, utilizando as suas habilidades de administração para cuidar de negócios — afinal, quando o nosso trabalho expressa excelência e amor, inevitavelmente, impacta o dia a dia das pessoas.

CHAMADAS PARA FORA

> Você tem um direcionamento do Pai sobre qual é a sua esfera de atuação? Se sim, escreva abaixo o que o Senhor já lhe disse e quais são os seus planos para concretizar as palavras d'Ele. Se não, busque isso em Deus e registre aqui a Sua resposta.
>
> _____
> _____
> _____
> _____
> _____

IMITADORAS DE CRISTO

A partir do momento em que o Pai derrama o Seu amor em nossas vidas, somos movidas a agir, também, em amor para com as pessoas que nos cercam, e isso só é possível pelo fato de termos Cristo como modelo.

Ore, analise e perceba em qual esfera o Senhor deseja que você se mova, mas lembre-se: não se limite a ela! Atente-se à forma como Deus Pai ama as pessoas. O que o coração d'Ele sente pelo outro? Como Ele olha para o mundo? Refletir o amor do Filho e imitá-lO precisa ser o objetivo principal da nossa existência, pois com esse testemunho vivo

CAPÍTULO 08

de quem Ele é, as pessoas O verão e se achegarão! Jesus é irresistível e completamente belo; uma vez que você busca se parecer com o Mestre, os outros também passam a desejá-lO!

Certo dia, eu estava compartilhando o Evangelho para uma amiga que fez várias perguntas acerca de Jesus durante a nossa conversa. Percebi que ela estava realmente interessada em entender mais sobre quem era Aquele de quem eu falava, e, imediatamente, eu tentei expor da maneira mais simples e cativante possível. Falei de como a Mensagem, definitivamente, não se enquadra na cultura vigente nem no nosso modo de ver as coisas, por isso a importância de permitir que o Senhor retire as velhas escamas dos nossos olhos e nos transforme para enxergarmos a realidade na perspectiva do Reino de Deus.

Ela achou tudo o que eu havia dito incrível e me agradeceu no final. Então eu lhe fiz uma pergunta: "E agora, o que muda na sua vida depois de ter escutado isso?". Sua resposta foi que aquilo a ajudaria a entender o estilo de vida de muitas pessoas, incluindo o meu e o de outros amigos cristãos, mas que não estava pronta para renunciar a si mesma, e amar ou agir como Jesus.

Naquela hora, fiquei surpresa e uma chave virou em minha mente. Foi a resposta mais sincera que já ouvi depois de falar sobre Jesus para alguém. De fato, imitar a Cristo não é uma tarefa fácil! Exige de nós renúncia e entrega. Renúncia, porque precisamos nos desvincular de todo ego e autossuficiência; e entrega, porque precisamos mergulhar nos mistérios da Palavra para encontrar em Deus total contentamento.

> Como "os de fora" veem Jesus por meio da sua vida? Existe algo diferente que os atrai? Registre uma das suas experiências relacionadas a isso, tendo em mente a importância de refletir o caráter de Cristo para expandir o Reino.

CHAMADAS PARA FORA

▶

O Apóstolo Paulo, em sua primeira carta aos coríntios, fez uma afirmação ousada e convidou a igreja a imitar o seu modo de vida (cf. 1 Coríntios 11.1). Parece até que estava "se achando", não é?! Só que, na verdade, ele só disse isso por saber que a sua conduta era condizente com a de Jesus, e evidenciava que, para o Pai, o padrão ideal é o Filho. Se renunciar a si mesma, quando você menos esperar, perdoará como Ele; conseguirá se relacionar com as pessoas como Ele; espalhará as Boas Novas, acompanhada de sinais maravilhosos, como Ele; e amará como Ele.

Agir como Jesus pode até ser difícil, mas deve ser leve, porque não estamos sozinhas nisso! O Espírito Santo nos ensina e nos ajuda a moldar nosso caráter de acordo com o coração do Filho, então permita que Ele lhe envolva com o Seu poder transformador. Pensar assim sempre me auxilia a entender mais sobre Deus e me desperta para a importância de amar as pessoas de forma radical, porque o Criador dos Céus e da Terra decidiu fazer morada em mim — além de ter me dado uma casa na Eternidade ao Seu lado. Aqueles que nos cercam

CAPÍTULO 08

precisam ter acesso a isso também, e se o nosso testemunho de vida puder ajudá-los a verem Jesus e serem encontrados por Ele, devemos estar prontas para dizer: eis me aqui!

> **Você sente amor e paixão pelos perdidos (aqueles que ainda não tiveram um encontro com Deus)? Reflita sobre o que tem feito para alcançá-los e escreva abaixo as estratégias que podem ajudá-la a colocar isso em prática.**

CHAMADAS PARA FORA

SAIA DA ZONA DE CONFORTO

Quando eu tinha 13 anos, refletia muito sobre amar as pessoas seguindo o padrão de Jesus, e foi assim que, de maneira mais madura e responsável, encontrei o meu propósito em Deus. Essa foi uma das fases em que mais enfrentei ataques do Inimigo, e acredito que isso tenha acontecido pelo fato de eu ter entendido a urgência de espalhar as Boas Novas no ambiente em que eu me relacionava com tantas pessoas — a minha escola.

No início, eu percebia o Inimigo sussurrar ao meu ouvido, falando para que eu parasse de pregar aos meus colegas. Foi uma experiência muito desconfortável lutar contra as mentiras de Satanás, mas aquilo me fez persistir ainda mais, pois se o Inferno estava incomodado, significava que valia a pena permanecer e que eu estava no caminho certo. Portanto, se isso acontecer com você, não desista! Continue!

Quanto mais eu via o mover de Deus dentro do meu ambiente escolar, mais o meu coração se deleitava na certeza de que nada daquilo era sobre mim, e sim parte de um propósito maior do que a minha vida e melhor do que tudo o que eu poderia experimentar. Diante do Rei dos reis e do Seu Reino, todo o resto perdeu o valor, assim como Paulo disse:

> *Na verdade, considero tudo como perda, por causa da sublimidade do conhecimento de Cristo Jesus, meu Senhor. Por causa dele perdi todas as coisas e as considero como lixo, para ganhar a Cristo.* (Filipenses 3.8)

O que importa, no final das contas, é conhecer a Deus e ao Seu Filho, Jesus Cristo (cf. João 17.3).

Outra coisa que precisa ser cravada em nossos corações é que Ele já nos deu a garantia de que estaria conosco todos os dias de nossas vidas, até a consumação dos séculos (cf. Mateus 28.20), ou seja, você não está sozinha! Em vários momentos, quando eu pregava na minha

CAPÍTULO 08

escola, tive medo e desanimei, mas sempre me sentia encorajada ao entender que havia Alguém comigo e que Ele conduziria tudo! Nunca é sobre o que nós podemos fazer para Deus, mas, sim, sobre o que foi feito por nós na Cruz. A nossa parte nisso tudo é ter fé no Senhor e enraizar as Suas verdades no nosso interior.

Crer, de fato, que o perfeito amor é suficiente para lançar fora todo o medo (cf. 1 João 4.18) — seja o medo de falta de aceitação, de perder a nossa reputação, de não conseguir falar, de não sermos ouvidas, ou qualquer outro — nos confronta e nos convida a sair da nossa zona de conforto.

Que tipo de medo a está paralisando para anunciar Cristo? Nas linhas abaixo, peça ao Senhor que lhe revele o Seu amor, lançando fora todo o medo e derramando uma nova porção de ousadia sobre a sua vida.

CHAMADAS PARA FORA

Em cada página da Bíblia, encontramos as histórias de homens e mulheres comuns que o Senhor escolheu para dar uma missão ou tarefa. Vários deles se sentiram pequenos e insuficientes quando ouviram as ordenanças do Alto, mas todos tinham algo em comum: coragem. Essa força não vinha do que eles poderiam fazer, mas era concedida pelo próprio Deus. Ele os acompanhava e dava ousadia; e será dessa forma que o Pai também fará com você!

O Senhor a chamou quando ainda era um ser informe (cf. Salmos 139.16), então venha, pois Ele a capacitará e gerará frutos eternos por meio da sua resposta obediente (cf. João 15.16)! Isso não significa, no entanto, que devemos nos apressar e pregar a Palavra de qualquer maneira, simplesmente por ter pressa de ver os resultados. Confesso que já tive essa mentalidade e me apressei. Queria ver pessoas aceitando Jesus logo, e isso me fez ignorar a excelência e o direcionamento de Deus.

O Evangelho tem um impacto duradouro, mas entenda algo: não existe nenhum tipo de fertilizante para agilizar o processo. Os frutos precisam de uma série de condições para nascerem saudáveis, então não se preocupe em querer vê-los imediatamente. Permaneça em obediência à voz de Deus e tenha discernimento dos tempos, como o próprio Jesus fez. Assim, você fluirá com amor em todos os lugares, apontando sempre para o Amado da sua alma!

Coragem! *Let's react, girl*!

ORAÇÃO

Senhor Jesus, muito obrigada por me amar e me encher de coragem e ousadia para espalhar o Seu amor por onde eu for. Quero que todos conheçam a plenitude que só existe ao Seu lado!

Peço que me dê sensibilidade para entender em qual esfera o Senhor quer que eu atue, promovendo os valores do Seu Reino. Desejo amar as pessoas como Você ama! Também peço que cada área da sociedade — Família; Igreja; Educação e Ciência; Governo; Comunicação e Mídia; Artes e Entretenimento; Economia e Negócios — seja impactada pela Sua Verdade, e que pessoas sejam movidas a transformar e influenciar esses lugares para a Sua honra e glória! Eis me aqui, Senhor! Ensine-me a permanecer e gerar frutos eternos!

Em nome de Jesus, amém!

AO SEGMENTARMOS A VIDA EM SECULAR E SAGRADA, PERDEMOS A CONSCIÊNCIA DE *CORAM DEO*, E NÃO PERMITIMOS QUE O SENHOR SEJA EXALTADO NA TOTALIDADE DA NOSSA VIVÊNCIA HUMANA.

ORAÇÃO FINAL_

Senhor Deus,

A Sua santidade e beleza enchem o meu coração de paixão, e eu não quero viver longe da Sua presença. Não me tire desse lugar nem por um segundo sequer, Pai! Eu me mantenho no centro da Sua vontade para não desviar o meu olhar do Seu. Confio que, ao ir até o Senhor, encontro a Verdade que liberta, porque sei que qualquer outra opinião, além da Sua, não define aquilo que eu sou nem indica o meu destino. Então me ensine a trilhar o caminho que preparou para mim. Desejo permanecer sempre fiel e obediente à Sua voz, calando todas as outras ao meu redor.

Perdoe-me, Jesus, por muitas vezes não agarrar e aprimorar as minhas habilidades, influência ou os meus dons de maneira radical, negligenciando a honra de fazer parte da Sua história e dos Seus planos. Desejo me posicionar e incendiar a minha geração com ousadia e coragem, mas também com humildade e dependência da Sua vontade. Entrego-Lhe tudo o que tenho, porque, na verdade, nada possuo! Tudo é Seu e para Você!

Quero derramar, todos os dias, o meu coração aos Seus pés para que eu seja completamente transformada, purificada e, assim, vida seja gerada em meu interior. Sei que, só por meio do toque do Seu Espírito Santo, o caráter de Cristo será formado em mim, e esse é o meu desejo. Quero me parecer com Jesus, para que o Seu nome seja glorificado e conhecido em todos os cantos desta Terra!

Posso perceber o Senhor sondando o meu coração, recolocando cada parte no devido lugar e lançando fora todo o medo por meio do Seu amor. Pai, eu quero que todas as coisas que aprendi com esta leitura continuem ardentes em mim, mesmo depois de fechar este *journal*. Oro para que aquilo que compreendi não fique só na minha mente, mas que toda a minha vida anuncie a mudança que foi gerada a partir de cada página lida. Desejo profundamente que a minha geração O conheça e adore! Quero fazer parte disso, Senhor! Aqui estão as minhas mãos, a minha boca e os meus pés, mas, além de tudo, aqui está o meu coração — disposto e pronto a obedecer-Lhe!

Em nome de Jesus, amém!

REFERÊNCIAS BIBLIOGRÁFICAS_

CAPÍTULO 1

BIG DEAL. In: DICIONÁRIO Cambridge. Cambridge: Cambridge University Press & Assessment, 2023. Disponível em *https://dictionary.cambridge.org/us/dictionary/english-portuguese/big-deal*. Acesso em abril de 2023.

DUNAMIS. Dunamis Movement, s. d. Fire & Fragrance. Disponível em *https://dunamismovement.com/dts-fire-e-fragrance/*. Acesso em abril de 2023.

Nelson Mandela. Publicado por *Encyclopaedia Brittanica*. Disponível em *https://www.britannica.com/biography/Nelson-Mandela*. Acesso em abril de 2023.

RAMOS, Luís Marcelo Alves. Os tipos psicológicos na psicologia analítica de Carl Gustav Jung e o inventário de personalidade "Myers-Briggs Type Indicator (MBTI)": contribuições para a psicologia educacional, organizacional e clínica. **Educação Temática Digital**, Campinas: Universidade Estadual de Campinas, v. 6, n. 2, p. 137-180, novembro de 2008. Disponível em *https://periodicos.sbu.unicamp.br/ojs/index.php/etd/article/view/779/794*. Acesso em abril de 2023.

CAPÍTULO 2

JOURNAL. In: DICIONÁRIO Cambridge. Cambridge: Cambridge University Press & Assessment, 2023. Disponível em *https://dictionary.cambridge.org/dictionary/english-portuguese/journal.* Acesso em abril de 2023.

SOAKING. In: DICIONÁRIO Cambridge. Cambridge: Cambridge University Press & Assessment, 2023. Disponível em *https://dictionary.cambridge.org/dictionary/english-portuguese/soaking.* Acesso em abril de 2023.

ZOE [2222]. *In:* DICIONÁRIO bíblico Strong. Barueri: Sociedade Bíblica do Brasil, 2002.

CAPÍTULO 3

DAY OFF. In: DICIONÁRIO Cambridge. Cambridge: Cambridge University Press & Assessment, 2023. Disponível em *https://dictionary.cambridge.org/us/dictionary/english-portuguese/day?q=day+off.* Acesso em abril de 2023.

HAGIASMOS [0038]. *In:* DICIONÁRIO bíblico Strong. Barueri: Sociedade Bíblica do Brasil, 2002.

METANOIA. *In:* DICIONÁRIO Michaelis on-line. São Paulo: Melhoramentos, 2023. Disponível em *https://michaelis.uol.com.br/moderno-portugues/busca/portugues-brasileiro/metanoia/.* Acesso em abril de 2023.

CAPÍTULO 4

EMBAIXADOR. *In:* DICIONÁRIO Michaelis on-line. São Paulo: Melhoramentos, 2023. Disponível em *https://michaelis.uol.com.br/moderno-portugues/busca/portugues-brasileiro/embaixador.* Acesso em maio de 2023.

CAPÍTULO 6

DOULOS [1401]. *In:* DICIONÁRIO bíblico Strong. Barueri: Sociedade Bíblica do Brasil, 2002.

LEB [3824]. *In:* DICIONÁRIO bíblico Strong. Barueri: Sociedade Bíblica do Brasil, 2002.

SUBIRÁ, Luciano. **O agir invisível de Deus**. São Paulo: Vida, 2019.

TOZER, A. W. **Em busca de Deus**. São Paulo: Quatro Ventos, 2023

CAPÍTULO 7

DE QUEIROZ SOUTO, Felipe; KIRCHNER, Renato. *Coram Deo*: a experiência religiosa na antropologia agostiniana — uma leitura a partir de Hannah Arendt. **Scintilla — Revista de Filosofia e Mística Medieval**, Curitiba: Scintilla, v. 15, n. 2, p. 69-88, julho/dezembro de 2018. Disponível em *https://scintilla.saoboaventura.edu.br/scintilla/article/view/63/53*. Acesso em maio de 2023.

ONE ON ONE. In: DICIONÁRIO Cambridge. Cambridge: Cambridge University Press & Assessment, 2023. Disponível em *https://dictionary.cambridge.org/us/dictionary/english-portuguese/one-on-one*. Acesso em maio de 2023.

WATCHOUT. In: DICIONÁRIO Michaelis on-line Inglês-Português (Moderno). São Paulo: Melhoramentos, 2023. Disponível em *https://michaelis.uol.com.br/palavra/oWykL/watchout/*. Acesso em maio de 2023.

CAPÍTULO 8

Alcançando as 7 áreas de influência. Publicado por JOCUM Brasil em 3/12/2012. Disponível em *https://jocum.org.br/as-7-areas-de-influencia/*. Acesso em maio de 2023.

CRU BRASIL. Cru, 2020. Quem somos. Disponível em *https://www.cru.org/br/pt/about/what-we-do.html*. Acesso em maio de 2023.

EKKLESIA [1577]. *In:* DICIONÁRIO bíblico Strong. Barueri: Sociedade Bíblica do Brasil, 2002.

JOCUM BRASIL. Jocum Brasil, 2021. Conheça a Jocum. Disponível em *https://jocum.org.br/quem-somos/conheca-a-jocum/*. Acesso em maio de 2023.

Este livro foi produzido em Adobe Garamond Pro 12 e
impresso pela Gráfica Ipsis sobre papel Pólen Soft 80g
para a Editora Quatro Ventos em agosto de 2023.